처음 읽는

인도사

처음 읽는

인도사

다양함이 빚어낸 아대륙, 인도

전국역사교사모임 지음

Humanist

처음 읽는 세계사 시리즈를 펴내며

2018년, 전국역사교사모임은 창립 서른 돌을 맞았다. 2,000여 명의 선생님이 함께하는 전국역사교사모임은 그동안 학생들과 호흡할 수 있는 더 좋은 수업, 새로운 교재를 만들기 위해 노력해왔다. 그리고 분야별로 전문성 있는 분들이 함께 공부하고 경험을 나누면서, 《살아있는 한국사 교과서》, 《살아있는 세계사 교과서》 등 여러 권의 책을 펴냈다.

'처음 읽는 세계사 시리즈'는 《살아있는 세계사 교과서》의 연장선에서 기획되었다. 이 책을 읽은 많은 독자가, 그리고 학교에서 만나는 많은 학생이 세계사의 큰 흐름을 놓치지 않으면서도 각 나라의 역사를 좀 더 구체적으로 알고 싶어 했기 때문이다. 우리는 2010년 터키사를 시작으로 미국사, 인도사, 일본사, 중국사를 차례로 펴냈다. 많은 독자가 과분한 사랑을 주신 데 대해 깊이 감사드리며, 미진했던 부분을 보완해 개정판을 선보이게 되었다.

낯설고 익숙하지 않은 다른 나라의 역사를 배운다는 건 분명 쉽지 않다. 그래서 세계사의 관점에서 각 나라의 역사를 서술하되, 중요한 역사적 사건과 그 의미를 놓치지 않기 위해 노력했다. 또한 각 나라를 직접 탐방하는 느낌이 들도록 생생하게 서술했으며, 나아가 우리와의 거리감을 좁히고 세계 각 문명과 나라의 참모습을 이해하도록 내용을 다양하게 구성했다.

우리는 학생들과 함께 세계사를 배우고 가르치면서 몸으로 배운 나름의 노하우를 바탕으로 이 책을 기획하고 썼다. 독자들이 이 시리즈를 통해 여러 나라의 역사를 흥미진진하게 체험하면서 오늘을 살아가는 크고 작은 지혜를 얻을 수 있길 바란다.

2018년 12월

전국역사교사모임

1999년 겨울 방학, 인도행 비행기에 몸을 실었다. 학창 시절, 사회주의 국가 탐방의 일환으로 중국을 다녀온 것을 제외하면 첫 번째 해외 나들이 였다.

그런데 아무런 준비가 되어 있지 않았다. 낯선 길을 이끌어 줄 가이드도 없었고 머물 숙소도 정해지지 않았다. 여행자의 설렘과 기대감도 내 것이 아니었다. 혹시나 도움이 될지도 모를 영어도 나와는 거리가 멀었다.

드디어 비행기가 인도에 도착했다. 인도 땅에 발을 내딛자마자 후회와 함께 두려움이 밀려왔다. 뜨겁게 달구어진 거대한 대륙이 뿜어내는 열기 로 숨 쉬기가 불편했고, 수많은 사람이 만들어 내는 엄청난 소음 때문에 정신마저 몽롱했다. 마음이 내키지 않았으나 두려웠던 나는 어쩔 수 없이 다른 한국인 여행객들과 함께 움직였다. 하지만 여전히 불안함을 떨쳐 버 리지 못했고, 인도와 인도인들에 대한 시각 역시 경계의 눈빛 그 이상이 아니었다. 모든 것이 고통스러웠다.

하지만 인도의 매력에 빠져드는 데 많은 시간이 필요하지 않았다. 엘로 라, 아잔타, 타지마할의 웅장함과 섬세함은 놀라움 그 자체였다. 며칠 머물면서 산치 대탑을 수시로 찾아가 빛이 만들어 내는 신비한 조화를 마음껏 누렸다.

힌두스탄 평원과 데칸 고원의 광활함을 마주하는 순간 나는 내 눈을 의심했다. 끝이 보이지 않는 대평원이 펼쳐져 있었던 것이다. 왜 수많은 이민족이 끊임없이 인도 땅에 쳐들어왔고, 인도에 머물러 인도인이 되었는지를 충분히 실감할 수 있었다.

무엇보다 가장 매력적인 존재는 인도인이었다. 그들 대다수는 남루한 옷차림에 시간이 멈춘 듯 느릿느릿한 모습이었으나, 언제나 밝은 미소로 나를 맞아 주었다. 어떤 요구나 부탁에도 'Yes'라는 의미로 고개를 갸우뚱하거나, "No Problem!"으로 화답했다.

12월 31일 밤 함께 어우러져 노래하고 춤추며 새해를 함께 맞이한 많은 사람들, 새해 첫날 새벽 행운을 기원하며 내 팔목에 노란 실을 묶어 주던 승려, 결혼식 전날 축하 행렬에 뛰어든 나를 자기 집에 기꺼이 초대해 준 청년 등…… 특히 학교에서 만난 천진난만한 학생들, 기차에서 만나 많은 이야기를 나누었던 소녀, 어디선가 함께 사진을 찍은 문화유산을 보수하던 아저씨 들의 따뜻하고 다정했던 눈빛은 세월이 훌쩍 흐른 지금도 잊을 수가 없다.

개학을 코앞에 두고서야 한국으로 돌아왔다. 한동안 인도사 수업에 열의가 있었으나, 인도에 대한 내 사랑은 그리 오래가지 않았다. 사진을 보내 주겠다고 약속하며 받아 적은 문화유산을 보수하던 아저씨의 주소도 어디론가 사라졌다.

그 첫값이었을까? 3년 전 전국역사교사모임 회장님에게서 연락이 왔다. '처음 읽는 세계사 시리즈'를 만드는데, 인도를 맡아 달라는 것이었다. 못하겠다고 해야 했으나 일찍부터 죄송스러운 일들이 많았기에 차마 입이 떨어지질 않았다. 엄청난 실수였다.

그 결과가 초라한 《처음 읽는 인도사》로 남았다. 하지만 이 책을 집필하는 3년 내내 오래전 내가 만난 인도인들을 떠올리며 그들에게 부끄럽지 않은 책을 만들려고 노력했다. 그렇다고 해서 그 아저씨와의 지키지 않은 약속이 무마될 수는 없겠지만…….

이 과정에서 혼자서는 감당할 수 없었던 짐을 덜어 준 휴머니스트 편집부와 김육훈·윤종배·권오경·박인숙·전형준·이지현 선생님, 특히 부족한 내용을 세세하게 채워 주신 부산외국어대학교 이광수 교수님께 감사드린다.

마지막으로 나의 소중한 세 딸, 지현, 수현, 나현이! 그리고 아이들의 엄마로 한 남자의 아내로 가족을 챙기느라 바쁜 사랑하는 아내에게도 감사의 마음을 전한다.

2012년 8월

책임 집필자 이강무

차례

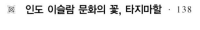

프롤로그 | # 오랜 역사 속에서 계속 발전해 온 나라, 인도를 만나다

인도사 수업을 시작할 때 학생들에게 질문을 던진다.

"인도 하면 무엇이 가장 먼저 떠오르니?"

여러 가지 대답이 나온다.

"인더스 문명, 힌두교, 불교, 석가모니, 카스트제도, 타지마할, 갠지스 강, 간디……."

역사에 관심이 있는 학생들은 수준 높은 대답을 하기도 한다.

"남녀 차별, 비동맹 외교, 종교 분쟁……."

가만히 살펴보면 긍정적인 내용은 찾기 힘들다. 인도사를 배운 뒤에도 인도를 본받을 것이 없는 나라로 인식하기 쉽다. '신비한 종교의 나라', '전근대적인 카스트의 나라'라는 이미지가 강하기 때문이다. 책이나 언론을 통해 접하는 내용도 그렇지만 교사의 인식 역시 이와 별반 다르지 않은 경우가 많다.

가장 큰 원인은 교과서에 있다. 중·고생용 역사 또는 세계사 교과

서는 동·서양사를 모두 담고 있는데, 우리나라가 동양에 해당함에도 서양사에 훨씬 많은 지면을 할애하고 있다. 동양사도 지역에 따라 차이가 있는데, 인도가 포함된 남부아시아사는 동아시아사는 물론, 서아시아사보다도 적은 분량이다. 양이 적으니 빈곤할 수밖에 없다.

내용은 더욱 심각하다. 서양사는 정치, 경제, 사회, 문화를 포괄적으로 다루며 변화와 발전을 강조하고 있다. 동아시아사는 여러 왕조의 차별성을 담아 그 역동성을 보여 주고, 서아시아사도 세계 최고 수준의 이슬람 과학을 비중 있게 다루고 있다. 그런데 남부아시아사만은 여전히 불교, 힌두교, 이슬람교 등 종교를 중심으로 서술하는 데 그친다.

변하지 않는 것은 카스트제도에 대한 서술도 마찬가지다. 세계 모든 지역에서 신분제도가 만들어지고, 계급 차별이 존재했는데, 유독 인도의 카스트제도만 강조된다. 더욱이 이 제도가 신분적 의미보다는 직업 구분의 성격이 강했다는 사실이나, 나름의 긍정적인 역할이 있었다는 것을 인정하는 교과서는 단 하나도 없다.

또 다른 문제점은 남부아시아사에는 전근대만 있고, 근현대는 거의

없다는 사실이다. 영국의 식민 지배에 대한 간디와 네루가 이끈 민족 운동으로 끝을 맺고, 제2차 세계대전 이후 새로운 국제 질서의 흐름을 서술하면서 종교 문제 때문에 인도와 파키스탄으로 분리 독립했다는 사실을 몇 줄 덧붙이는 것이 전부이다.

하지만 인도를 잘 아는 사람들은 이렇게 말한다.

"인도는 오랜 역사와 함께 끊임없이 변화 발전해 온, 역동적인 나라다."

인도는 청동기 시대에는 세계 최고의 도시 문명을 만들었고, 고대에는 마우리아, 굽타로 대표되는 제국이 불교, 힌두교 등을 바탕으로 찬란한 문화를 꽃피웠다. 중국은 물론 유럽의 로마 제국과도 어깨를 나란히 했다.

그 바탕은 일찍부터 발달한 농업과 상공업에 있었다. 무굴 제국 시기에도 폐쇄적인 경제구조의 유럽과 달리, 지리적 이점을 바탕으로 세계경제의 중심 역할을 이어 갔다. 경제적인 이익의 생산적인 재투자가 효율적으로 이루어지지 못해 유럽 제국주의 세력에 무릎을 꿇었

지만 말이다.

이후 인도는 200년 동안 영국의 식민 지배를 받았다. 인도인은 일찍이 겪지 않았던 인고의 세월을 보냈다. 다양한 세력이 저마다의 방식으로 독립운동을 벌였는데, 이는 인도인의 또 다른 자부심으로 남았다. 실제로 인도는 스스로의 힘으로 독립을 이룬 몇 안 되는 나라 가운데 하나였기 때문이다.

비록 통일국가를 이룩하지는 못했으나, 독립 이후 정치적으로는 세계 최대의 민주주의 국가로 발전했고, 경제적으로는 식량 자급자족을 넘어 세계 3위의 쌀 수출국으로 성장했다. 대외적으로는 비동맹 외교정책으로 미국과 소련을 견제하는 제3세계의 중심으로 국제 무대에 우뚝 섰다.

최근에도 미국, 유럽연합, 러시아, 중국 등과 국제 정치 무대에서 어깨를 나란히 하고 있다. 경제적으로도 '성장 가능성이 가장 큰 나라'로 세계인의 주목을 받고 있다. 이제 인도 역사의 진실을 찾아서, 그리고 그 안에서 역동적인 삶을 살고 있는 인도인들을 만나러 가 보자.

인도의 기초 정보

국명 : 인도연방공화국 또는 바라트연방공화국

면적 : 328만km(대한민국의 33배)

인구 : 13억 5000만 명(2019년 현재)

수도 : 뉴델리(New Delhi)

언어 : 힌디어, 영어 등 22개 공용어

민족 : 아리아인(72%), 드라비다인(25%), 기타(몽골인 등 3%)

종교 : 힌두교(82.6%) 이슬람교(11%), 크리스트교(2.4%), 시크교(2%),
      불교(0.7%), 자이나교(0.5%), 기타(0.8%)

파키스탄과의 영토 분쟁 지역
중국과의 영토 분쟁 지역

●스리나가르

●암리차르

인더스 강

중국

히 말 라 야 산 맥

중국과의 영토 분쟁 지역

파키스탄

뉴델리○

네팔

부탄

임팔●

러크나우●

타르 사막

자이푸르●

힌두스탄 평원

갠지스 강

방글라데시

미얀마

바라나시●

파트나●

●부다가야

콜카타●

간디나가르●

인 도

라이푸르●

벵골 만

●아잔타

엘로라●

●아우랑가바드

라비아 해

●뭄바이

●하이데라바드

데칸 고원

고아

산맥

●첸나이

벵갈루루●

●퐁디셰리

스리랑카

인 도 양

일러두기

■ 이 책에 사용한 '인명', '지명' 등은 현재 통용되는 외래어 표기법에 따라 영어 이름으로 쓰는 것을 원칙으로 삼
  았으나, 필요한 경우 힌두어를 사용했다.
■ 본문 내용 중 보충 설명이 필요한 부분에는 ● 표시를 사용해 각주를 달았다. 그 밖에 내용을 이해하는 데 필요
  하다고 생각되는 동의어나 간단한 설명글 등은 괄호 안에 표기했다.
■ 본문에 나오는 대화체는 낯선 역사를 좀 더 생생하게 이해할 수 있도록 사료를 바탕으로 구성된 것임을 밝힌다.

1장

인더스 문명의 탄생과 국가의 등장

인도 아대륙에는 기원전 50만 년경부터 사람들이 살았는데, 이들은 기원전 8000년경 농사를 지으면서 정착 생활을 시작했다. 기원전 2500년경에는 인더스 강 유역에 청동기 도시 문명이 만들어졌다. 기원전 1500년경에는 중앙아시아 일대에서 유목 생활을 하던 아리아인이 인도 땅으로 이동해 왔는데, 이들이 기존 인도인을 몰아내고, 인더스 강 유역의 새로운 주인이 되었다. 이후 아리아인은 갠지스 강 유역까지 근거지를 넓혔는데, 이때 사용한 철기는 농업 생산력의 증가와 정복 전쟁의 활성화를 불러왔다. 이 과정에서 브라만교와 바르나제도로 대표되는 아리아인 중심의 사회 구조가 만들어졌다.

기원전 **2500년경** 인더스 문명 발생

기원전 **1500년경** 아리아인, 인더스 강 유역으로 이동

기원전 **1000년경** 아리아인, 철기 사용·갠지스 강 유역 진출

기원전 **800년경** 브라만교, 카스트제도 성립

기원전 **500년경** 도시국가 등장

기원전 **527년경** 싯다르타, 부처가 됨

기원전 **500년경** 마하비라, 자이나교 창시

기원전 **400년경** 마가다 왕국, 갠지스 강 유역 통합

기원전 **327년경** 마케도니아의 알렉산드로스, 인더스 강 유역 침입

기원전 **2500년경** 황허 문명 성립

기원전 **1100년경** 은 멸망, 주의 황허 유역 지배

기원전 **770년** 중국, 춘추 시대 돌입

기원전 **403년** 중국, 전국 시대 돌입

기원전 **492년경** 그리스−
페르시아 전쟁
(~479)

기원전 **431년경** 펠로폰네소스
전쟁(~404)

기원전 **8000년경** 신석기 문화 시작

기원전 **1500년경** 청동기 문화 전개

기원전 **400년경** 철기 문화 보급

기원전 **1240년경** 아시리아, 바빌로니아 정복

기원전 **671년경** 아시리아, 오리엔트 통일

기원전 **525년경** 아케메네스 왕조 페르시아, 오리엔트 통일

기원전 **330년경** 아케메네스 왕조 페르시아 멸망

기원전 **3000년경** 메소포타미아 문명과 이집트 문명 성립

인더스 문명이 탄생하다

농업을 바탕으로 세계 최고의 도시를 만들다

인도 아대륙®에 사람이 살기 시작한 것은 기원전 50만 년경으로, 이들은 조잡한 돌 도구로 식물을 채집하거나 동물을 사냥하면서 떠돌아다녔다. 기원전 8000년경 농사를 짓기 시작하면서 한곳에 머물러 살았는데, 돌도끼 등 도구의 개량으로 수확량이 늘어나자 곳곳에 크고 작은 마을이 생겼다.

특히, 지금의 파키스탄에 자리한 인더스 강 유역에 마을이 많이 들어섰다. 세계에서 가장 높은 히말라야 산맥의 정상에서 시작된 인더스 강의 물줄기가 북부를 동에서 서로 가로질러 3000킬로미터를 달리

● **인도 아대륙** | 인도연방공화국의 면적은 대한민국의 33배인데, 이를 포함한 남부 아시아의 전체 크기는 유럽의 모든 나라를 합친 것과 비슷하다. 이에 하나의 독립된 대륙으로 여겨져 흔히 '인도 아대륙'이라 부른다.

면서 산맥 곳곳 산기슭에 쌓인 흙을 실어 날라 기름진 대평원을 만들어 냈기 때문이다. 게다가 이 지역은 히말라야 산맥이 차가운 바람을 막아 주어 1년 내내 따뜻하고 강수량도 풍부했다.

이곳에 살던 사람들은 쌀, 밀, 보리, 조, 콩 등을 재배했는데, 세계에서 가장 먼저 면화를 생산한 것으로 알려져 있다. 11월에 씨를 뿌리면 다음 해 4월에 농작물을 거두어들였다. 먹고 남은 것은 소와 수레에 싣고 이웃 마을로 가지고 가서 필요한 물건들과 교환했다.

교통이 편리한 마을은 자연스레 물물교환의 중심지가 되었다. 마을에는 농기구, 토기 등을 만드는 장인들과 이를 파는 상인들도 있었는데, 더 많은 사람이 모여들면서 마을의 크기가 점점 커져 갔다. 기원전 2500년경에는 인더스 강을 따라 도시들이 들어서고, 이를 중심으로 청동기 문명이 꽃을 피웠다. '인더스 문명'이 탄생한 것이다.

인더스 문명의 도시 유적은 250여 개에 이르는데, 이 시기 어떤 문명보다 넓은 땅에 걸쳐 발달했다. 큰 크기를 자랑하는 것만 6개로, 이 도시 사람들은 메소포타미아의 지구라트, 이집트의 피라미드 같은 신전이나 왕의 무덤을 만들지는 않았으나, 이들 문명보다 훨씬 깨끗하고 잘 정돈된 도시를 자랑했다.

단연 으뜸으로 꼽히는 것이 하라파와 모헨조다로이다. 만약 여러분이 인더스 강을 따라 여행한다면, 지금도 이 도시 유적들을 만날 수 있다. 가로 1000미터, 세로 1200미터의 웅장한 규모로, 전성기에는 도시 인구가 4만에서 8만 명에 이르렀을 것으로 추정된다. 도시를 둘러싼 성곽 하나를 돌아보는 데에만 2시간이 넘게 걸린다.

도시 안으로 들어가 보면 더욱 놀랍다. 모든 시설물이 바둑판 모양

인더스 문명

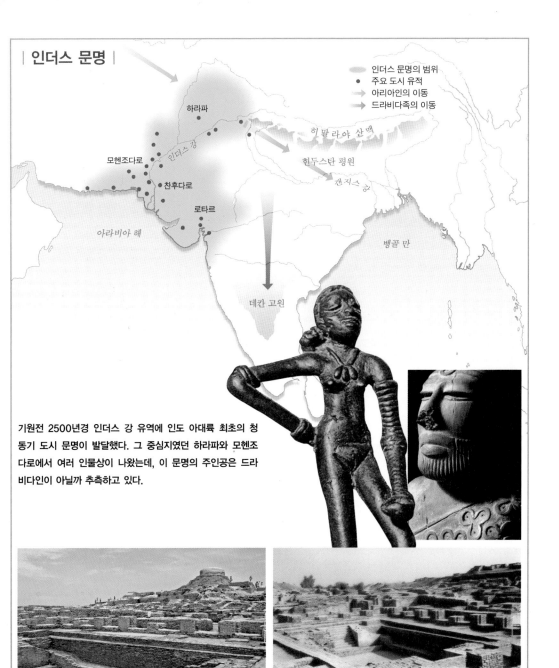

인더스 문명의 범위
주요 도시 유적
아리아인의 이동
드라비다족의 이동

하라파
모헨조다로
인더스 강
찬후다로
로타르
아라비아 해
히말라야 산맥
힌두스탄 평원
갠지스 강
벵골 만
데칸 고원

기원전 2500년경 인더스 강 유역에 인도 아대륙 최초의 청동기 도시 문명이 발달했다. 그 중심지였던 하라파와 모헨조다로에서 여러 인물상이 나왔는데, 이 문명의 주인공은 드라비다인이 아닐까 추측하고 있다.

하라파와 모헨조다로 하라파와 모헨조다로에는 벽돌로 지은 각양각색의 집들이 도시계획에 따라 질서정연하게 배치되고, 배수 시설이 잘 되어 있는 것이 특징이다. 인더스 문명은 농업과 상업에 근거를 둔 고도로 발달된 도시 문명이었다.

의 도로를 따라 질서정연하게 자리를 잡고 있는데, 중앙 도로의 폭은 10미터나 된다. 당시 서쪽에는 5층 건물 높이의 성채가 있었고, 그 아래로는 시가지가 넓게 펼쳐져 있었다. 도시에는 큰 목욕장, 회의장, 곡물 창고 등의 공공시설은 물론, 상점, 식당 들도 있었다.

더더욱 놀라운 사실은 이 시설물들이 진흙으로 만든 다음 햇볕에 말린 벽돌을 사용한 메소포타미아나 이집트와는 달리, 불에 구운 벽돌로 만들어졌다는 것이다. 부자들은 우물과 볼 일을 본 후 물을 부어 흘러 내려가게 하는 방식의 화장실을 따로 마련했는데, 이들이 쓴 물은 하수도를 통해 도시 밖으로 흘러 나가게 되어 있었다.

주변과 활발하게 교역하고 자연을 숭배하다

인더스 문명의 도시에는 전문적인 수공업 기술자인 장인들이 살았는데, 이들 가운데는 청동제 도구와 무기를 만드는 대장장이, 옷감을 만드는 직조공과 염색공, 토기를 만드는 도공, 장신구를 만드는 보석공도 있었다. 물건을 찾는 사람들이 많아지자 장인들도 늘어났고 시간이 갈수록 물건의 질도 좋아졌다.

수공업이 발달하면서 바깥 세계와의 교역도 활발해졌다. 상인들은 배에 짐을 가득 싣고서 인더스 문명의 다른 도시들은 물론, 멀리 서아시아의 메소포타미아 지역과도 교역했다. 모헨조다로 가까이에는 큰 항구가 있었는데, 금과 은, 여러 보석으로 만든 장신구와 토기, 무명, 양모, 비단 등의 인기가 좋았다.

활발한 교역을 뒷받침해 주는 또 다른 유물은 인더스 인장이다. 3~

4센티미터 내외의 정사각형 도장으로, 상거래의 과정에서 소유를 확인하는 수단으로 사용되었을 것으로 추정된다. 지금까지 발견된 것만 2000개가 넘는데, 비슷한 모양의 도장이 메소포타미아 지역에서도 발견된다.

이들 인장에는 글자나 기호 외에 여신이나 동물 등 다양한 모습이 새겨져 있어서 이것이 도장 이외에 부적처럼 사용되었을 것이라고 주장하는 사람들도 적지 않다. 최근에는 그림마저도 문자일 가능성이 있다는 주장이 제기되었으나, 아직 그 내용이 해독되지 않아 쓰임새를 정확하게 알 수는 없다.

인더스 문명 사람들은 땅과 물 등을 섬겼다. 수공업과 상업도 발달했으나, 농업이 가장 중요한 산업

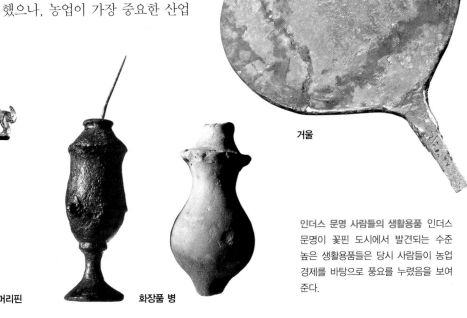

거울

머리핀   화장품 병

인더스 문명 사람들의 생활용품 인더스 문명이 꽃핀 도시에서 발견되는 수준 높은 생활용품들은 당시 사람들이 농업 경제를 바탕으로 풍요를 누렸음을 보여 준다.

인더스 인장 인더스 인장은 인더스 문명이 오늘날 인도인들의 문화에 영향을 주었음을 알려 주고 있다. 현재 인도인들이 숭배하는 보리수, 소, 여신 등의 그림이 새겨져 있기 때문이다. 특히 요가 자세를 한 시바를 닮은 여신은 요가와 힌두교의 뿌리가 인더스 문명 사람들과 관련되어 있음을 짐작하게 한다.

이었기에 농경에 영향을 주는 자연물을 소중한 존재로 여겼던 것이다. 특히 땅을 어머니의 모습을 한 신으로 받들었다. 씨앗을 품었다가 곡식을 내 주는 모습이 마치 어머니가 아기를 배고 낳는 것과 비슷하다고 생각했기 때문이다.

물은 농사에 꼭 필요했던 동시에 홍수 등을 일으키는 두려운 존재였기에 숭배 대상이 되었다. 또한 물에는 사람의 몸과 마음을 깨끗하게 하는 신비한 힘이 깃들어 있다고 믿었다. 이에 이들은 신에게 제사를 지내기 전에 반드시 물로 몸을 씻는 의식을 치렀다.

바라나시 갠지스 강 힌디어로 '강가(Ganga)'로 불리는 갠지스 강은 힌두교도에게 가장 성스러운 곳이다. 이들은 태어나 갠지스 강에서 세례를 받고 숨을 거둔 후 화장돼 이 강에 뿌려지기를 희망한다. 이곳은 매일매일 몸을 씻고 정화하려는 사람들로 늘 붐빈다.

    물 숭배는 지금까지 이어져 내려오고 있다. 오늘날 인도인들은 인더스 강과 갠지스 강을 그 무엇보다 순결하고 성스러운 존재로 떠받들고 있다. 이뿐만 아니라 더러운 것을 정화하는 신비한 힘을 가지고 있다고 믿기에 일 년 내내 목욕하는 사람들로 인산인해를 이룬다.

2 | 아리아인, 북부의 새 주인이 되다

아리아인, 인도에 들어오다

기원전 1500년경, 인더스 문명의 도시들이 하나 둘씩 자취를 감추었다.° 그 원인이 정확히 밝혀지지는 않았으나, 기후변화 때문에 비가 줄어 농사짓기 어려워진 땅이 늘어난 것이 하나의 원인이었다. 살아남은 도시들은 여전히 인더스 강의 품 안에서 풍요를 누렸으나, 이들의 안정된 생활도 오래가지 않았다.

"큰일 났습니다."

"무슨 일이냐?"

"북쪽에서 적들이 물밀 듯이 쳐들어오고 있습니다."

● **인더스 문명의 멸망 원인** | 자연환경의 변화, 홍수·가뭄 등의 자연재해, 아리아인의 이동 등 여러 가지 주장이 있으나, 분명한 원인은 밝혀지지 않았다. 특정한 하나가 원인이라기보다는 여러 요인이 복합적으로 작용했다고 보는 것이 타당할 것이다.

"도대체 어떤 놈들이냐?"

"누구인지는 알 수 없으나, 피부는 하얗고 콧대가 높은데, 몸집도 아주 큽니다."

"두려워 말고 당당히 맞서 싸워라!"

"적들은 말과 전차를 타고 빠르게 이동하는데, 그 기세가 대단합니다. 무기도 단단해서 부딪치면, 우리 것은 두 동강이 납니다. 도저히 당해 낼 수가 없습니다."

인더스 문명의 도시들을 아수라장으로 만든 이들은 누구였을까? 인더스 문명 사람들이 찬란한 도시 문명을 꽃피우고 있을 때, 중앙아시아 일대에 '아리아인'*이라는 유목 민족이 살고 있었다. 이들의 일부가 동쪽으로 이동해 이란 고원에 자리를 잡았다가 인도 땅으로 들어온 것이었다.

아리아인의 이동은 수백 년 동안 이어졌는데, 처음에는 인더스 문명 사람들과 도움을 주고받기도 했으나, 아리아인이 늘어나 가축을 기를 목초지가 부족해지자, 인더스 문명 사람들과 자주 다투었다. 결국 인더스 문명 사람들은 하나 둘씩 남쪽으로 쫓겨 갔고 아리아인이 북서부의 중심 세력이 되었다.

이후 아리아인들은 동쪽으로 이동하며 근거지를 넓혀 갔다. 이 과정에서 여러 부족으로 나누어졌는데, 아직 나라가 만들어지지 않았기에 부족 단위로 생활했다. 각 부족들은 촌락을 이루어 독립적으로

● **아리아인** | 산스크리트어로 '고귀한 사람'이라는 뜻이다. 아마도 기존 인도인들에 견주어 자신들의 우월함을 과시하기 위해 표현한 것이라 생각된다.

아리아인의 이동 그리스, 라틴, 켈트, 게르만, 슬라브족의 조상이기도 한 아리아인은 기원전 1500
년경 인더스 강 유역에 들어왔다. 이들은 말과 전차를 이용해 기존 인도인들을 정복해 나갔다. 이
전투 장면은 17세기에 그려진 것이다.

살았고 이들을 이끄는 부족장은 원로 회의나 부족 회의에서 선출되
었다.

아리아인 여러 부족은 서로 싸웠는데, 주로 목초지와 가축을 차지
하기 위해서였다. 그러다 보니 부족장의 가장 큰 역할은 다른 부족으
로부터 부족민과 가축을 보호하는 것이었다. 부족장 대부분은 전사였
으나, 비상시에만 부족민을 불러 모았을 뿐, 아직 일상적인 정규 부대
는 없었다.

계급의식이 강화되고 베다가 만들어지다

아리아인들은 기본적으로 유목민이었다. 그래서 농사짓는 인도인들을 약탈하기도 했으나, 보통은 소, 말 등을 길러서 고기, 우유 등의 먹을 것을 얻으며 살았다. 소의 배설물은 훌륭한 연료로 사용되었다. 말 역시 전쟁에 큰 도움이 되었기에 소만큼이나 소중한 재산으로 여겼다.

이들은 대가족을 이루고 살았는데 아버지를 중심으로 부모와 자식은 물론, 사촌도 가족으로 받아들여졌다. 대나무, 갈대, 진흙 등으로 집을 만들었고, 양털이나 동물 가죽으로 옷을 지어 입었으며 목걸이, 귀고리, 팔찌 등으로 치장하는 것을 좋아했다. 여가 시간에는 북을 치면서 노래와 춤을 즐겼다.

아리아인이 처음 인도에 들어왔을 때 무사, 사제, 평민만 있었다. 계급적 성격이 없지는 않았으나 그보다는 직업의 의미가 강했다. 서로 결혼하거나 함께 식사하는 것을 꺼리지 않았고, 평민이라 해도 능력만 갖춘다면 자신의 의지에 따라 무사나 사제가 되는 것도 자연스러운 일이었다.

하지만 아리아인들이 기존 인도인들을 차별하면서 계급의식이 강해졌다. 그 결과 네 바르나 가 만들어졌는데, 브라만, 크샤트리아, 바

● **바르나** | 산스크리트어로 '색깔'이라는 뜻인데, 이는 바르나를 구분하는 기준의 하나가 피부색이었음을 알려 준다. 브라만은 제사, 크샤트리아는 정치와 군사, 바이샤와 수드라는 생산을 담당했다. 브라만은 '절대적인 진리'를 뜻하는 '브라흐마', 크샤트리아는 '권력'을 뜻하는 '크샤트라', 바이샤는 '인민'을 뜻하는 '비슈'에서 나온 말이다.

베다의 신들 〈리그베다〉에는 하늘, 대기, 땅에 존재하는 33신이 등장하는데, 우주의 지배자인 바루나 신도 있는 것으로 보아 나름의 우주관이 존재했음을 보여 준다. 가장 인기 있는 존재는 신에게 자신들의 소망을 전해 주는 불의 신 '아그니'(왼쪽)와 악마를 무찔러 승리를 가져다주는 폭풍우와 전쟁의 신 '인드라'(오른쪽)였다.

이샤, 수드라가 그것이다. 브라만과 크샤트리아들이 더 많은 전리품을 나누어 가지면서 아리아인끼리도 서로를 다르게 생각하는 마음이 커져 갔다.

이 무렵 브라만들은 자신들이 믿는 신을 찬양하는 기도문 형식의 시집을 만들었는데, 이것이 〈리그베다〉이다. 여기에는 폭풍우의 신 인드라, 불의 신 아그니, 물의 신 바루나, 태양의 신 수리야 등이 등장하는데, 이는 아리아인이 자연 현상에 영향을 많이 받는 유목 민족이었기 때문이다.

신에 대한 숭배 방식은 기도문을 외우고, 제물을 바치는 것이었다. 사람들이 불을 피워 놓고 제물을 바치면, 브라만이 그 제물을 받고 신의 이름으로 그들에게 축복을 내렸다. 제물로 동물을 희생시키기도 했으나 주로 채소, 곡물 등 간소한 것들을 바쳤다. 사람들의 기원 역시 자식의 평안이나 풍요, 건강 등 소박한 것들이었다.

3 북부에 여러 나라가 들어서다

16개 도시국가가 만들어지다

인도에 들어온 아리아인은 유목 생활을 이어갔으나, 동쪽으로 근거지를 넓히는 과정에서 기존 인도인에게 농사를 배웠다. 기원전 1000년경에는 갠지스 강과 야무나 강 사이에 터를 잡고, 정착 생활을 시작했다. 이 지역 역시 인더스 강 유역 못지않은 넓은 평야가 발달했기 때문이다.

이 시기 철을 다룰 줄 알았던 아리아인은 철을 이용해 농기구를 만들어 농사를 지었다. 철기가 널리 보급되자 농업 생산량이 크게 늘어났는데, 여러 가지 물건을 만들어 파는 상공업도 함께 활기를 띠었다. 시간이 갈수록 마을의 규모가 커졌고, 이들 가운데 일부는 도시로 성장했다.

이 도시를 중심으로 수많은 나라가 세워졌는데, 기원전 6세기경에

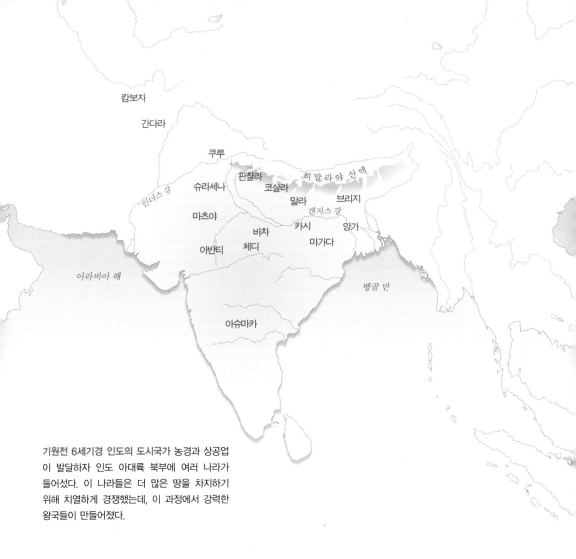

캄보자

간다라

쿠루

판찰라

히 말 라 야 산 맥

인더스 강

슈라세나

코살라

마츠야

말라

브리지

갠지스 강

바차

카시

앙가

아반티

체디

마가다

아라비아 해

벵골 만

아슈마카

기원전 6세기경 인도의 도시국가 농경과 상공업이 발달하자 인도 아대륙 북부에 여러 나라가 들어섰다. 이 나라들은 더 많은 땅을 차지하기 위해 치열하게 경쟁했는데, 이 과정에서 강력한 왕국들이 만들어졌다.

는 16개의 도시국가가 이름을 날렸다. 부족 회의가 지배하는 공화제 국가도 있었으나 대부분은 왕국이었다. 특히 코살라, 카시 왕국 등이 강력했는데, 이는 교통과 상업이 발달한 갠지스 강 중류 지역에 자리한 덕분이었다.

16개 나라는 더 많은 땅을 차지하기 위해 치열하게 싸웠고, 이 과정에서 전쟁을 지휘하는 국왕의 힘이 크게 강해졌다. 이에 국왕들은 통치 조직을 만들고 무사를 모아 상비군을 조직했다. 그러고는 관리들로 하여금 농민들에게 세금을 거두게 하고, 자신의 권위를 과시하기 위해 국가적 의식을 자주 치렀다.

장인과 상인 들은 시장 근처에서 살았다. 장인들은 가업을 물려받았는데, 같은 일을 하는 사람들끼리 조합을 만들어 자신들의 이익을 보호하고 기술도 교류했다. 상인들은 수레와 배를 이용해 곳곳을 누볐으며 옷감, 상아 제품, 항아리 등이 주요 상품이었다. 상공업이 발달하자 구리나 은으로 만든 주화가 널리 유통되기도 했다.

도시 주변에는 농민들이 마을을 이루어 살았다. 농민들은 자기 땅을 가지고 농사를 지었으며 촌장의 감독 아래 힘을 합해 농토에 물을 대는 시설을 만들기도 했다. 이들은 밀을 주로 생산했지만 쌀도 함께 재배했다. 모내기법의 도입으로 1년에 두 번 수확했는데, 농업이 활성화되면서 소의 중요성이 더욱 커졌다.

브라만교가 만들어지고 카스트제도가 강화되다

전쟁이 일상화되자 정치와 군사를 담당하는 무사, 특히 국왕의 권위가 크게 강화되었다. 이에 국왕의 즉위식이나 전쟁 등 중요한 일이 있을 때에는 반드시 제사를 지냈다. 기원전 1000년경에는 제사의 규모가 이전보다 훨씬 커졌는데, 그 정점은 양, 소, 말 등의 희생물을 바치는 것이었다.

그런데 독특한 현상이 벌어졌다. 제사장이 정치적 지배자에게 예속된 다른 문화권과 달리, 국왕의 권력이 강화되는 상황에서 사제의 권위 또한 강화된 것이다. 그 이유는 명확치 않으나, 브라만들이 제사 의식을 크고 복잡하게 만들면서 자신의 종교적 권위를 강화해 나간 것이 주 원인이었다.

무엇보다 브라만은 제사 의식의 중요성을 강조했다. 제사 의식이 신의 힘을 이끌어 내는 수단이 아니라, 우주 만물을 마음대로 움직일 수 있는 힘을 가졌다는 제사 만능주의를 주장한 것이다. 이로써 탄생과 죽음은 물론, 성인식, 결혼식 등 사람들의 일상에 제사 의식이 자리를 잡았고, 이를 통해 브라만은 더 많은 경제적 이익을 얻었다. 브라만들이 제사 의식을 더욱 크고 복잡하게 만들어, 기원전 800년경에는 브라만이 없으면 제사를 행할 수 없을 정도였다. 이처럼 브라만의 종교적 권위가 한층 강해지자 브라만은 신과 인간을 연결해 주는 중재자가 아니라, 신을 마음대로 움직일 수 있는 절대적인 힘을 가진 자로 우주의 창조주와 동일시되었다. 즉 브라만교°가 성립한 것이다.

이와 함께 브라만은 현재는 과거의 결과인 동시에 미래의 원인으로 작용한다는 업(業)과 절대적인 진리를 깨달을 때까지 수레바퀴가 굴러가듯이 계속 새로운 세상에 재탄생한다는 윤회(輪回)의 개념을 강조했다. 이는 현실의 신분 차별을 자신의 탓으로 돌리게 하고, 지금 자신의 의무를 충실히 이행한다면, 내세에서 더 나은 삶을 살 수 있다는 믿음을 가지게 함으로써 바르나제도를 강화하는 데 기여했다.

● **브라만교** | 브라만이 절대적인 진리를 뜻하는 브라흐마를 가진 자로 숭배되는 인도의 민족종교이다. 카스트제도라는 엄격한 신분제도에 바탕을 두었으며, 지나친 형식주의 때문에 비난받았다.

제사 의식 거행

정치·군사 담당

농·공·상인 납세의 의무

정복당한 민족

사제
브라만

왕족·무사
크샤트리아

평민
바이샤

노예
수드라

아리아인

선주민

바르나와 그 역할 오른쪽 도표는 바르나의 상하 구별이 아니라 인구 비율을 표시한 것이다. 그러나 브라만들이 종교적인 권위를 내세워 자신들 중심의 사회 구조를 만들어 가자, 계급적인 구별이라는 의미가 강해졌다.

이 과정에서 네 바르나의 구별이 더욱 뚜렷해졌다. 특히 브라만은 종교적인 권위를 내세워 사회·경제적으로도 특권을 누린 반면, 수드라는 모든 권리를 빼앗겼다. 브라만은 세상의 주인인 양 행세했고, 수드라는 힘들고 보잘것없는 일을 도맡았다. 이전과 달리 바르나 내의 이동도 힘들어졌다.

브라만교에 대한 반발로 불교와 자이나교가 생겨나다

브라만이 자신들 중심의 사회를 만들어 가자, 브라만교와 바르나제도에 대한 비판이 일어났다. 특히 정치권력을 행사하던 크샤트리아와 상공업으로 돈을 많이 번 바이샤의 불만이 컸다.

이에 기원전 7세기경 일부 개혁적인 브라만들 사이에서 개혁의 움직임이 일어났다. 우파니샤드˙가 그것인데, 이들은 엄격한 제사 의식이 우주 만물의 질서를 구현한다는 브라만교의 교리를 거부하고, 모든 이의 마음속에 진리가 있으니, 누구든 명상, 사색 등을 통해 해탈에 이를 수 있다고 주장했다. 즉 자신들의 도움 없이도 구원이 가능하다는 것을 인정한 것이다.

하지만 브라만교 바깥에서 브라만들의 횡포와 타락을 비판하는 목소리가 이어졌다. 특히 바르나제도 아래에서 이루어지는 계급 차별의 문제점을 해결해야 한다는 주장이 거세게 일어났다. 이 가운데 일부

● **우파니샤드** | 산스크리트어로 '(스승과 제자가) 가까이 앉음'이라는 뜻인데, 스승과 제자가 대화를 통해 우주의 근본 원리를 탐구하는 철학적 내용을 담고 있다. 핵심은 우주의 본체인 브라만(梵)과 개인의 본질인 아트만(我)이 하나라는 범아 일여의 사상이다.

석가모니와 마하비라 이들은 크샤트리아 출신으로, 안정된 생활을 포기하고 출가하여 오랜 고행 끝에 깨달음을 얻어 석가모니는 불교를, 마하비라는 자이나교를 창시했다. 또한 이들은 부패한 브라만을 비판하며, 무소유와 불살생을 몸소 실천했다.

는 새로운 종교로 떠올랐는데, 가장 대표적인 것이 불교와 자이나교였다.

불교는 네팔 근처 작은 나라의 왕자였던 고타마 싯다르타가 창시했다. 성 안에서 풍요롭게 살던 그는 성 밖에 나갔다가 질병과 굶주림에 시달리는 사람들을 보고, 고통에서 벗어날 수 있는 방법을 찾아 나섰다. 극단적인 고행으로 죽음 직전까지 갔던 그는 부다가야의 보리수 아래서 긴 명상 끝에 진리를 깨달아 부처가 되었다. 이로써 윤회의 고통에서 벗어난 그는 여러 나라를 돌아다니며 자신이 깨달은 바를 사람들에게 전했다.

"삶의 뿌리는 고통인데, 이는 권력, 즐거움, 장수에 대한 욕심에서 생긴다. 이에 욕심을 버려야 고통에서 벗어날 수 있으며, 열반과 해탈[*]에 도달할 수 있다. 이를 위해서 바르게 보고, 바르게 생각하고, 바른 말을 하고, 바르게 행동하고, 바른 생활 수단을 갖고, 바른 마음가짐을 계발하고, 신체와 감정 그리고 사고의 움직임에 대해 늘 깨어 있고, 바르게 집중해 명상하라."

그러고는 모든 인간은 평등하고 모든 생명은 소중한 것이니, 자비로써 대해야 하며, 자신의 가르침을 실천하면 누구나 깨달음을 얻어 부처가 될 수 있다고 강조했다. 실제로 그는 살아 있는 모든 것에 자비를 베풀었다. 신분이 높은 자와 낮은 자, 부자와 가난한 자, 남자와 여자를 차별하지 않았는데, 자신의 가르침에 귀를 기울이는 사람이면, 그 누구에게나 진리를 전하고자 노력했다. 그의 수제자 역시 수드라 계층의 이발사였다.

자이나교는 '번뇌를 정복한 자의 가르침'이라는 의미로, 바르다마나라는 인물이 고행 끝에 깨달음을 얻어 '위대한 자', 즉 '마하비라'로 불리면서 탄생했다. 그는 인간이 해탈에 이르기 위해서는 고통을 견디는 것과 함께 윤리를 실천하는 삶이 필요하다고 주장했는데, 특히 살생하지 말 것을 강조했다.

● **열반과 해탈** | 열반(涅槃)은 번뇌에서 벗어나 영원한 진리를 깨우쳐 정신의 완전한 평안함에 이름을, 해탈(解脫)은 인간의 영혼이 윤회의 굴레에서 벗어나는 것을 의미한다.

◉ 인도의 위대한 신화, 〈마하바라타〉

〈마하바라타(Mahābhārata)〉는 '위대한 바라타'라는 뜻으로, 아리아인의 한 갈래인 바라타족의 왕위 계승 전쟁을 담은 서사시이다. 기원전 10세기경, 아리아인의 여러 부족이 북부에서 치열하게 경쟁하는 것이 배경인데, 그 내용은 다음과 같다.

먼 옛날, 바라타족의 후예가 세운 한 나라에 두 왕자가 있었다. 그런데 형 드리트라슈트라는 태어날 때부터 앞을 볼 수 없었기에 동생 판두가 왕위를 이었다. 판두 왕은 영토를 크게 늘리는 등 나라를 잘 이끌었으나, 실수로 선인 부부를 죽이는 바람에 자식을 낳을 수 없는 저주를 받았다.

판두의 부인이 처녀 때 받은 은총 덕분에 다르마의 신, 바람의 신, 천둥번개의 신, 쌍둥이 원숭이 신으로부터 다섯 명의 아들을 얻었으나, 판두는 저주에 따라 죽고 말았다. 이에 앞을 보지 못하는 드리트라슈트라가 왕이 되었는데 왕위 계승을 두고 다툼이 일어났다.

드리트라슈트라는 동생과의 신의를 지켜 판두의 장남인 유디슈트라를 후계자로 지명했으나, 자신의 큰아들 두리오다나를 비롯한 100명의 아들은 유디슈트라의 다섯 형제를 시기했다. 갖은 계략으로 이들을 죽이려 했지만 그때마다 다섯 형제는 지혜를 발휘하여 위기에서 벗어났다.

드리트라슈트라가 유디슈트라에게 왕국의 절반을 떼어 주었으나, 욕심이 많았던 두리오다나는 만족하지 못하고, 외삼촌과 계략을 꾸며 나머

크리슈나와 아르주나 〈마하바라타〉에 나오는 삽화로, 크리슈나와 아주르나가 판두의 다섯 아들을 도와 군사를 지휘하는 모습이다.

지 절반의 왕국을 빼앗았다. 결국 유디슈트라의 다섯 형제는 추방당하고 말았다. 이들은 여러 나라를 떠돌아다니다가 한 왕국의 공주를 공동 아내로 맞이하게 되었다.

이후 서서히 힘을 키운 유디슈트라의 다섯 형제는 두리오다나를 찾아가 자신들의 왕국을 돌려줄 것을 요구했다. 하지만 두리오다나가 이를 받아들이지 않자, 다섯 형제를 따르는 세력과 두리오다나를 따르는 세력 사이에 전쟁이 벌어졌다.

이들의 싸움은 오랫동안 이어졌는데, 다섯 형제 가운데 셋째 왕자인 아르주나의 활약이 컸다. 이 과정에서 상대편으로 나선 사촌, 스승, 친척, 그리고 자신의 의무를 다하는 수많은 사람을 본 아르주나는 싸움에 대한 깊은 회의를 품었다. 비록 올바른 길이었으나 동족을 죽이는 것에 대해 괴로움을 느꼈던 것이다.

이때 크리슈나의 모습으로 나타난 비슈누 신이 우주의 질서, 개개인의 의무, 윤회의 법칙, 해탈에 이르는 길에 대한 가르침을 준다. 고민 끝에 이를 받아들인 아르주나는 군사를 이끌고, 100명의 사촌을 비롯한 적들을 모조리 죽였다. 이로써 전쟁은 다섯 형제의 승리로 끝났고, 큰형인 유디슈트라가 왕이 되었다.

이 내용은 기원전 4~3세기경 만들어지기 시작한 이래 수정·보완을 거쳐 4세기경 현재 모습을 갖추었으나, 기원전 10세기 전후 아리아인들의 풍속, 윤리, 법, 종교 등을 잘 보여 주고 있다. 특히 오늘날 인도인들이 '영원불멸한 우주의 가르침'으로 여기는 '다르마', 즉 '기본적인 도덕적 법규'이자 '자신의 위치와 역할에 따라 마땅히 해야 하는 도리'가 잘 담겨져 있다.

현재 인도인들은 스스로를 바라타족의 후손이라고 여기며 자신들의 나라를 '바라트(Bharat)'라고 부른다. 우리는 인도라는 명칭에 익숙하나, 이는 페르시아인이 인더스 강을 부른 데서 비롯된 것이다.

4 │ 마가다 왕국,
제국 출현의 기초를 만들다

마가다 왕국, 북동부를 아우르다

기원전 6세기 이후 인도 아대륙의 역사는 한마디로 전쟁의 역사였다.
크고 작은 나라들이 운명을 건 싸움을 이어간 것이다. 패한 나라들은
역사의 무대에서 사라지고, 승리한 나라들은 더욱 큰 나라로 성장해
갔다. 이들 가운데 코살라 왕국과 마가다 왕국이 북동부의 강자로 떠
올랐다.

처음에는 코살라 왕국이 우세했으나 마가다 왕국도 만만치 않았다.
갠지스 강변에 자리해 농업과 상업이 발달한 데다가 철광석마저 풍부
해 병사들을 철제 무기로 무장시킬 수 있었기 때문이다. 여기에 빔비
사라 왕의 뛰어난 활약이 더해져 막강해졌다.

수많은 나라와의 경쟁에서 최후의 승자가 되기 위해서는 공격 못지
않게 수비가 중요하다고 생각한 빔비사라는 산으로 둘러싸인 천연의

| 최전성기의 마가다 왕국 |

기원전 4세기경 난다 왕조 시기 마가다 왕국은 북동부를 아우르는 지역에서
세력을 떨쳤다. 이로써 인도에 통일 제국이 탄생할 수 있는 기초가 만들어
졌다.

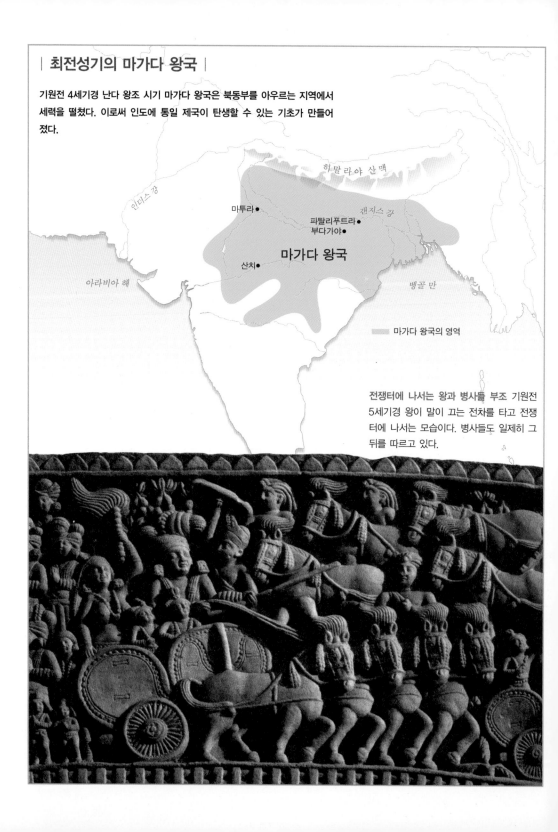

히말라야 산맥

인더스 강

마투라 ●

파탈리푸트라 ●
부다가야 ●

갠지스 강

마가다 왕국

산치 ●

아라비아 해

벵골 만

▨ 마가다 왕국의 영역

전쟁터에 나서는 왕과 병사들 부조 기원전
5세기경 왕이 말이 끄는 전차를 타고 전쟁
터에 나서는 모습이다. 병사들도 일제히 그
뒤를 따르고 있다.

요새인 라자그리하로 수도를 옮기고, 동맹국을 늘리기 위해 코살라 왕국을 비롯한 세 나라의 공주들을 아내로 맞이했다. 그러고는 주변의 작은 나라들을 하나 둘씩 정복했다. 이에 그는 영토를 크게 늘린 왕으로 이름을 떨쳤고, 마가다 왕국은 명실상부한 북동부의 최강국이 되었다.

마가다 왕국을 더욱 힘센 나라로 만든 인물은 빔비사라의 아들 아자타샤트루였다. 안으로는 불교와 자이나교를 보호해 안정을 다지고, 밖으로는 한층 더 공격적인 영토 확장을 추진한 것이다. 이 과정에서 교통이 발달한 파탈리푸트라로 수도를 옮겼는데, 이는 경제적으로 더 많은 이익을 가져다주었음은 물론 다른 나라들의 동맹을 막는 데에도 도움이 되었다.

드디어 오랜 경쟁 상대인 코살라 왕국과의 결전이 시작되었다. 적들의 거센 저항으로 어려움이 적지 않았다. 그러나 새로 개발한 무기인 돌을 쏘는 큰 활과 쇠몽둥이를 단 전차가 힘을 발휘해 16년이라는 긴 전쟁에 마침표를 찍을 수 있었다. 마침내 코살라 왕국 정복의 꿈을 이룬 것이다.

그러나 기원전 5세기 아자타샤트루가 죽자 마가다 왕국의 권력이 난다 왕조에 넘어갔다. 기원전 4세기경 마가다 왕국은 최전성기로 갠지스 강 유역 전체를 포괄하는 거대한 땅에 영향력을 행사했는데, 이는 기병 20만 명, 보병 6만 명, 전투용 코끼리 6000마리에 달하는 강력한 군사력을 보유했기에 가능한 일이었다.

서양과 교류의 길이 열리다

북동부에서 마가다 왕국이 세력을 떨칠 때, 북서부에서는 작은 나라들이 치열하게 경쟁하고 있었다. 마가다 왕국처럼 큰 세력이 없었기에 여러 이민족이 힌두쿠시 산맥을 넘어 들어왔다. 기원전 516년에는 페르시아의 다리우스 왕이 쳐들어와 펀자브와 신드를 차지하고, 약 200년 동안 이 지역의 막대한 부를 빼앗았다.

기원전 4세기, 이 소식은 페르시아를 물리치고 유럽과 서아시아를 아우르는 제국을 만든 마케도니아의 알렉산드로스 왕에게 전해졌다. 드디어 기원전 321년, 알렉산드로스가 12만 명의 병사들을 이끌고, 아프가니스탄의 카이바르 고개를 넘어 인더스 강 유역에 나타났다.

당시 북서부는 여전히 작은 나라들로 나누어져 있었는데, 이 가운데 가장 잘 알려진 나라가 암비와 포루스가 이끄는 왕국이었다. 그러나 두 나라는 인더스 강 유역의 주도권을 차지하고자 치열하게 경쟁했기에 힘을 하나로 모으지 못했다. 이에 개별적으로 알렉산드로스의 침략에 맞서야 했다.

먼저 알렉산드로스와 마주한 사람은 암비 왕이었다. 그는 알렉산드로스와 그의 병사들을 보자마자 위세에 눌려 싸울 힘을 잃고 항복하고 말았다.

"이미 승부가 정해진 싸움이다. 저들에게 맞서는 것은 바보짓이다."

그러고는 경쟁 상대인 포루스 왕국을 공격하는 알렉산드로스에게 군사와 코끼리는 물론, 전쟁 물자까지 내주었다.

하지만 포루스 왕은 보병 3만 명, 300대의 전차와 수많은 기병, 코

알렉산드로스 대왕의 원정 마케도니아의 필리포스 2세의 아들로 태어난 알렉산드로스는 아버지에 이어 왕이 된 후 정복 전쟁을 통해 유럽의 그리스와 아프리카의 이집트를 연결하는 지중해 일대, 그리고 서아시아의 페르시아에 걸치는 대제국을 건설하고 인도까지 쳐들어왔다.

끼리 200마리를 이끌고 알렉산드로스의 병사들에게 과감하게 맞섰다. 격렬한 전투 끝에 그 역시 알렉산드로스에게 무릎을 꿇었으나, 그의 용맹함에 감동을 받은 알렉산드로스는 포루스의 왕국을 재건시켜 주고 그에게 인더스 강 유역을 다스리도록 했다.

이후 알렉산드로스는 동쪽으로 더 나아가며 여러 나라를 정복했지만 더는 성과가 없었다. 병사들이 지친 데다가 혹독한 더위와 식량 부족이 발목을 잡았기 때문이다. 엄청난 군사력을 자랑하는 마가다 왕국의 존재가 이들에게 전해진 것도 하나의 원인이었다. 결국 기원전 326년, 알렉산드로스는 고향인 마케도니아로 발길을 돌렸다.

알렉산드로스가 차지한 땅은 인도 아대륙 북서부 일부였고, 그리스인들이 다스린 기간도 짧았으나 그의 침입은 인도에 많은 영향을 미쳤다. 가장 큰 변화는 인도와 그리스가 직접 교류하게 되었다는 것이다. 그는 4개의 육로와 해로를 열었는데, 이를 통해 많은 상인이 오감으로써 인도 경제가 한층 더 성장해 갔다.

한편, 알렉산드로스의 침입은 문화적으로도 큰 영향을 미쳤다. 그가 서아시아를 차지하자 이 지역의 문화에 그리스 문화가 더해져 헬레니즘이라는 독특한 문화가 만들어졌다. 이것이 인도에까지 전해져 훗날 간다라 미술이 탄생하는 계기가 되었다. 인도●라는 이름이 서양에 본격적으로 알려진 것도 이때였다.

● 브라만교의 경전, 베다

베다(Veda)는 산스크리트어로 '지혜'라는 뜻으로, 아리아인들이 숭배하는 신들을 찬양하는 노래, 주문, 제사 의식 등을 담은 문집이다. 신이 인간에게 전한 것으로, 인간에 의해 창조된 것이 아니라는 점이 강조되어 오랜 세월 입에서 입으로 전해지다가 인도에 들어온 아리아인들이 처음 기록했다.

가장 오래된 것이 신들에게 바치는 기도문 형식의 시집으로, '운문의 지혜'라는 뜻을 지닌 〈리그베다〉이다. 이후 '찬가의 지혜'인

● **인도** | 인도라는 이름은 인더스 강의 옛 이름인 '신두'에서 비롯되었다. 이는 인더스 문명 시기에 서아시아의 메소포타미아 지역에 처음 알려졌는데, 기원전 5세기경에는 페르시아인들이 신두를 '힌두'라고 불렀다. 알렉산드로스의 침입 이후에는 그리스인들이 힌두를 '인두'라고 불렀는데, 이것이 영어로 불리면서 '인더스'와 '인디아'가 되었다.

〈리그베다〉의 판본 〈리그베다〉는 총 10권, 1028장의 운문 찬가로 구성되어 있는데, 각각의 운문은 1만 589개나 된다. 핵심 부분인 2~7권은 기원전 1200년 이전에 만들어졌고, 나머지는 후대에 추가된 것으로 보인다.

〈사마베다〉, '희생제의 지혜'인 〈야주르베다〉, 브라만 가문의 이름에서 따온 '아타르반 사제의 지혜'라는 뜻의 〈아타르바베다〉가 차례로 만들어졌다.

베다는 본집과 이후 덧붙여진 브라흐마나, 그리고 이를 보충하는 우파니샤드 등으로 구성되어 있는데, 〈리그베다〉를 제외한 세 베다의 본집은 기원전 1000년경, 브라흐마나는 기원전 800년경, 우파니샤드는 기원전 500년경 만들어졌다. 브라흐마나 이후의 것들은 복잡한 제사 의식이나 고도의 철학적 지식을 담고 있다. 즉 베다는 인도에 아리아인이 들어온 이래 오랜 세월에 걸쳐 수정·보완된 것으로, 〈리그베다〉 본집이 출발점이고, 우파니샤드가 마무리라고 할 수 있다. 우파니샤드는 브라만교의 경전이자 오늘날 대다수 인도인의 종교인 힌두교의 뿌리라는 점에서 큰 의미를 지닌다고 하겠다.

인도 특유의 사회 체계, 카스트

카스트(Caste)는 인도의 신분제도로 널리 알려져 있다. 하지만 이는 포르투갈 상인들이 인도에 들어온 이후에 만들어진 용어로, 포르투갈어로 '가문' 또는 '혈통'을 뜻하는 '까스타'에서 유래한 것이다. 따라서 인도의 전통적인 신분을 설명하는 올바른 용어라 할 수 없다.

인도인들은 자신들의 사회 체계를 바르나와 자띠라는 개념으로 설명한다. '바르나 (Varna)'는 인도어로 '색깔'을 의미하는데, 계급과 비슷한 성격을 가지는 집단이다. 브라만, 크샤트리아, 바이샤, 수드라가 그것인데, 원칙적으로는 여기에 속하지 않지만 접촉해서는 안 되는 오염된 존재인 불가촉천민을 포함할 수 있다.

'자띠(Jati)'는 '출생'이라는 뜻으로, 동일한 업종에 종사하면서 결혼이나 음식 등을 함께 하는 종족 집단을 말한다. 이는 네 바르나나 불가촉천민의 어딘가에 속해 있는데, 한 마을에 20~30개가 존재하고, 인도 전체에는 2000~3000개에 이르는 것으로 알려져 있다.

이 제도가 어떻게 만들어졌는가에 대한 논쟁은 끊임없이 계속되었다. 직업, 인종, 종교, 음식, 경제력의 차이 등 생성 요인에 대해 다양한 주장이 있지만 정확한 유래는 밝혀지지 않았다. 다만 여러 사회집단이 계층화되면서 바르나가 만들어졌고, 이것이 자띠로 나누어진 것만은 분명하다.

바르나제도가 만들어진 초기에는 네 집단 간에 차별이 그리 심하지 않았다. 그러나 이것이 엄격해진 이후로는 직업이 철저히 세습되었다. 이후 하나의 바르나 안에 여러 개의 자띠가 생겨났고, 자띠 간에도 상하 구별이 생겨났다. 이들은 상호 간에 혼인을 금지하며 함께 음식을 먹는 것조차 금기시했다. 이 과정에서 브라만은 자신들에게 유리한 카스트제도를 다른 사람들이 당연하게 받아들이게 하기 위해 신화를 만들었다.

불가촉천민 접촉할 수 없는 천민이라는 뜻으로 카스트제도의 4계급에 속하지 않는 낮은 신분의 사람들을 일컫는다. 이들은 오늘날에도 존재하며, 자신에게 손만 닿아도 진저리치는 브라만을 보면 자신들도 진저리가 난다고 한다.

카스트의 유래 카스트의 역할을 머리, 팔, 배와 넓적다리, 발로 나누어 설명한 그림이다. 브라만은 자신들에게 유리한 카스트제를 다른 사람들이 당연하게 받아들이도록 이야기를 만들어 냈다.

태초에 푸루샤라는 인간이 있었는데, 그는 스스로 태어나 존재하는 자였다. 신선들이 성스러운 풀 위에 그를 올려놓고 물을 뿌린 후 제사를 지내자, 그가 나누어져 여러 베다와 동물이 생겨났다. 이때 머리는 브라만이 되었고, 두 팔은 크샤트리아가 되었으며, 배와 넓적다리는 바이샤, 두 발은 수드라가 되었다.

― 〈리그베다〉

여기서 머리는 지혜를, 두 팔은 힘을, 배와 넓적다리는 몸을 지탱하는 역할을, 다리는 몸을 떠받치는 일을 각각 의미한다. 다시 말해서, "브라만은 정신적·사회적 지도자를, 크샤트리아는 정치와 군사를, 바이샤는 생산 활동을, 수드라는 마음이 명령하는 대로 움직여 다른 계층을 떠받치라."라는 것이다.

많은 인도인은 '이는 신이 정한 것이므로 인간의 의지나 노력으로는 절대 바꿀 수 없다.'라고 생각한다. 이는 '현생에서의 삶은 윤회의 사슬 가운데 하나에 지나지 않으며, 전생에서 내가 행한 선악의 행위에 의해 현생에서의 삶이 결정된다'고 보는 인도인들의 믿음에 기초를 두고 있다. 그러나 실제로 이것은 많은 사람들에게 비판을 받아 왔다.

카스트제도는 아리아인들이 만든 계급 질서로, 인도 사회의 정체성이나 후진성을 여실히 드러낸다는 평가를 받기도 하나 혹자는 다른 평가를 하기도 한다. 카스트제도가 다양한 인도 사회를 오히려 안정되게 조직하고, 질서를 유지하게 만드는 역할을 했다는 것이다. 그 진정한 역할이 무엇이었든, 카스트제도는 오늘날까지도 그 기능이 이어지고 있다.

2장

———

제국의 성립과 발전

기원전 4세기 마우리아 왕조가 북부를 근거지로 인도 최초의 제국을 세웠다. 이들의 유산은 북부의 쿠샨 제국에 전해졌고 남부 여러 나라의 성장에도 영향을 미쳤는데, 특히 브라만교와 카스트제도의 신분 차별을 비판하며 대중에게 퍼져 나간 불교는 쿠샨 제국에 의해 세계 종교로 발전할 수 있는 기틀이 마련되었다. 연이은 이민족의 침입으로 쿠샨 제국이 무너진 후에는 여러 정치권력이 공존하다 4세기에 또 다른 통일 왕조인 굽타 제국이 탄생했다. 이때 브라만교는 문제점을 바로잡고, 다른 종교의 장점을 끌어안아 힌두교로 새롭게 태어났다. 굽타의 왕들이 이를 적극적으로 후원하여, 힌두교가 널리 확산되고 카스트제도가 사회 기층에 뿌리를 내렸다.

기원전 321년경	마우리아 왕조 성립
기원전 189년경	박트리아, 간다라 지방 정복
기원전 185년경	마우리아 제국 몰락
기원전 100년경	촐라·판디아·체라 왕조, 타밀 지역에서 발전
기원전 64년경	쿠샨족, 간다라 지방 정복
기원전 30년경	안드라 왕국, 데칸의 강국으로 등장
100년경	쿠샨 왕국, 카니슈카 왕 즉위
220년경	안드라 왕국 몰락
250년경	쿠샨 제국 몰락
320년경	굽타 제국 성립
415년경	흉노족 북서부 침입

기원전 221년	진 시황제 최초로 중국 통일
105년	한의 채륜 종이 발견

375년 게르만족,
로마 제국으로
이동 시작

기원전 205년경 일본 야요이 문화 시작

300~900년 중앙아메리카,
마야 문명

기원전 194년	위만 조선 성립
기원전 108년	고조선 멸망
313년	고구려, 낙랑군 몰아냄
384년	백제, 동진에서 불교 전래

227년경 사산왕조 페르시아 성립

395년 로마 제국,
동서로 분열

1 | 마우리아 왕조, 최초의 제국을 건설하다

찬드라굽타 마우리아, 제국을 만들다

기원전 4세기 중반, 마가다 왕국의 난다 왕조가 힘을 서서히 잃어 갔다. 백성들에게 지나치게 세금을 부과한 것이 화근이었다. 기원전 321년 무렵에는 찬드라굽타 마우리아라는 관리가 반란군을 조직해 수도 파탈리푸트라로 쳐들어가 난다 왕을 내쫓고, 마우리아 왕조를 열었다.

이어 그는 군사들을 이끌고 북서 지역으로 향했다. 이들 앞에 여러 나라가 무릎을 꿇었는데, 알렉산드로스가 인더스 강 유역에 남긴 그리스 세력도 예외가 아니었다. 그 결과 서쪽으로는 아프가니스탄, 동쪽으로는 벵골 만에 이르는 북부 대부분의 지역을 장악했다. 마우리아 왕조가 제국으로 발전해 간 것이다.

찬드라굽타 마우리아는 제국을 내실 있게 다져 나갔다. 왕자들을 지방에 보내 그 지역을 책임지도록 했다. 또한 농민들을 동원해 농토를 넓히고 둑을 쌓아 홍수와 가뭄에 대비했으며, 상공인들을 위해 곳곳을 연결하는 도로를 만들었다.

그러고는 농민과 상인, 장인 들에게 세금을 거두었고, 광산을 개발하고 무기와 술 등을 독점해 국가재정에 보탰다. 60만 명이 넘는 병력을 유지하며 영토를 더 늘렸는데, 마침내 그의 아들인 빈두사라 왕 때에는 남부와 동부를 제외한 인도 전 지역이 마우리아 제국에 편입되었다.

아소카 왕, 불교로 제국의 통합을 꿈꾸다

마우리아 제국을 더욱 강력하게 만든 것은 찬드라굽타 마우리아의 손자 아소카였다. 그가 왕이 되었을 때 동부 지역은 여전히 독립을 유지하고 있었는데, 특히 칼링가 왕국은 마우리아를 위협할 정도로 강력했다. 그뿐만 아니라 땅이 비옥하고 항구를 통해 다른 나라와도 활발하게 교역했기에 경제적으로도 풍요로웠다.

드디어 기원전 261년, 아소카 왕이 60만 명의 보병과 3만 명의 기병, 9000마리의 코끼리 부대 앞에 당당하게 섰다.

"이제 모든 준비가 끝났다. 칼링가를 향해 진군하라!"

마우리아 제국의 병사들은 자신감이 넘쳤으나, 칼링가도 순순히 물러서지 않았다. 아소카 왕은 군사들을 독려했다.

"승리가 멀지 않았다. 저항하는 자들은 단 한 놈도 살려 두지 말라!"

아소카의 병사들이 지나간 자리에는 시체가 산더미처럼 쌓였고, 강물은 핏빛으로 물들었다. 무려 10만 명이 죽고 15만 명이 포로가 되었다.

마우리아 제국의 영역 마우리아 제국은 수도 파탈리푸트라를 중심으로 한 지역만을 직접 통치했으나, 남부의 일부를 제외한 인도 전 지역에 영향력을 행사했다.

마우리아 왕조

박트리아

인더스 강

히말라야 산맥

갠지스 강   파탈리푸트라

바라나시 부다가야

우자인

아라비아 해

기르나르

토사리   벵골 만

칼링가

■ 마우리아 왕조의 최대 영역
▮ 아소카 왕의 석주비

아소카 왕의 석주 아소카 왕의 석주에는 자비심으로 서로를 대할 것, 모든 신앙을 너그럽게 받아들일 것 등이 새겨져 있다. 사진은 사르나트에 세워진 석주의 윗부분으로, 현재 인도의 화폐와 국기에 응용되어 사용되고 있다.

"아소카 왕 만세! 마우리아 제국 만세!"

군사들이 승리의 함성을 지르자 아소카는 두 손을 번쩍 치켜들어 화답했다. 인도 역사상 처음으로 인도 아대륙 대부분을 차지한 제국이 탄생하는 순간이었다.

아소카 왕 시대에는 왕권이 강화되어 효율적인 지방 통치가 이루어졌는데, 제국 곳곳에 세워진 칙령을 담은 거대한 돌기둥들을 통해 이를 확인할 수 있다. 국가의 경제적 부를 늘리기 위한 노력도 이어져

저수지와 수로, 전국적인 도로망을 건설하여 농업과 상공업을 더욱
발전시켰다.

　이후 그는 자신이 정복 전쟁에서 행한 살육을 후회하고 불교에 귀
의했다. 그러고는 불교의 법과 도덕으로 나라를 다스렸다. 백성들을
위해 정원, 병원과 같은 공공시설을 만들고, 가난한 사람들에게는 돈
을 빌려 주었으며, 백성들의 경제적 부담을 줄여 주고자 제사를 지낼
때 동물을 희생시켜 제물로 바치는 것을 금지했다. 또한 곳곳에 절과
탑을 세워 불교를 널리 퍼트렸다. 부다가야, 사르나트 등 부
처의 흔적이 머문 장소뿐만 아니라 그와 직접적

산치 대탑 산치에는 3기의 큰 탑과 작은 탑들, 수도원, 사원 터, 아소카의
석주 등이 흩어져 있는데, 가장 유명한 것이 지름 36.6미터, 높이 16.5미터
규모의 제1탑이다. 흔히 산치 대탑이라고 불리는데, 현존하는 탑 중 가장
오래된 것으로 무덤 형태를 띠고 있다.

인 관련이 없는 산치와 같은 곳에도 기념물을 만들었다. 불교의 해외 전파를 위해 아들을 스리랑카에 보내는 한편, 서아시아와 중앙아시아는 물론, 유럽에도 포교 사절을 보냈다.

아소카 왕은 한시도 국왕의 역할을 게을리하지 않았다. 특히 백성들과 관련된 일이라면, 자신이 어디에 있든 즉시 보고하도록 했다. 그의 이러한 노력은 국왕은 백성들이 편하고 안전하게 살 수 있도록 온 힘을 기울여 일해야 한다는 신념을 실천한 점에서 의미가 있기도 하지만, 잘 정비된 관료 조직과 강력한 군대만으로는 광대한 제국의 진정한 통합을 이룰 수 없다는 현실에서 비롯된 노력이기도 했다.

2 북부에 쿠샨 제국, 남부에 여러 나라가 발전하다

쿠샨 왕조, 북부에 큰 나라를 건설하다

아소카 왕은 법과 도덕으로 제국을 하나로 묶고자 했으나, 그러기에는 영토가 너무 넓고, 각 지역의 상황들도 달랐다. 거대한 관료 조직과 강력한 군사력을 유지하고, 곳곳에 세워진 사원과 공공시설을 운영하는 데에도 많은 비용이 들었다. 이에 더 많은 세금을 거두자 백성들의 불만도 커졌다.

이런 상황에서 아소카 왕이 죽자 마우리아 제국은 빠른 속도로 무너져 갔다. 작은 나라들이 독립을 선언했으며, 중앙아시아에서 활동하던 흉노족●이 국경에 나타나 약탈을 일삼았다. 결국 기원전 185년

● **흉노족** | 중앙아시아 일대에서 활동하던 유목 민족으로, 무슨 이유인지 명확하지 않으나 서쪽으로 이동했다. 일부는 로마 제국을 침략했고, 또 다른 세력은 페르시아와 인도로 쳐들어왔다.

쿠샨 제국의 최전성기 1세기 중앙아시아에서 일어난 페르시아 계열의 쿠샨족이 인도 서북부를 차지하고 세운 쿠샨 제국은 인도 중부까지 진출했다. 2세기 카니슈카 왕 때 서쪽으로는 파르티아, 동쪽으로는 후한과 국경을 접한 제국으로 성장해 전성기를 맞이했다.

경 브라만 출신의 장군인 슝가가 국왕을 죽이는 사건이 발생했고, 마우리아 왕조는 무너지고 말았다.

슝가가 새 왕조를 여는 데에는 브라만의 역할이 컸다. 이에 왕은 브라만교의 제사 의식을 부활하고, 브라만의 특권도 되돌려 주었다. 하지만 그리스, 샤카, 스키타이 등 여러 이민족이 북서부로 쳐들어오자 북부의 지배권을 잃었다. 이후 북부에서는 500년 동안 수많은 나라의 대립과 경쟁이 이어졌다.

이들 가운데 서북 지역으로 이주하여 기반을 마련한 주요 민족으로는 그리스 계열의 박트리아인과 페르시아 계열의 쿠샨족을 들 수 있

박트리아의 동전 마우리아 제국이 무너진 후 인도에 들어온 이민족들은 인도 문화를 더욱 풍성하게 만들었다. 그리스인 들의 동전과 유리 제조 기술, 중앙아시아인들의 기마술과 안 장 등이 그것이다. 사진은 그리스 복장을 한 시바신이 새겨 진 박트리아의 동전이다. 로마의 크리스트교와 페르시아의 조로아스터교도 이때 전해졌다.

다. 특히 쿠샨족은 기원전 40년 무렵 왕조를 연 이후 서북 지역뿐만 아니라 중부 지역 대부분을 차지하는 나라로 성장해 쿠샨 제국이라고 불렸다.

쿠샨 제국은 카니슈카 왕 때 전성기를 맞이했다. 인도와 지중해를 잇는 바닷길과 중국과 서아시아를 연결하는 중앙아시아와 아프가니 스탄 지역을 차지하고, 중계무역으로 많은 이익을 얻었다. 로마와는 대체적으로 우호적 관계를 유지했으나, 중국과는 비단길을 놓고 다툼 을 벌이기도 했다.

카니슈카 왕은 이민족 출신이었지만 인도의 여러 종교를 적극적으 로 보호했다. 그 덕분에 기존 인도인들에게도 인도의 지배자로 인정 받았다. 그는 독실한 불교도로 불교 진흥에 힘썼다. 곳곳에 탑과 사원

● **상좌부 불교와 대승불교** | 당시 새로운 불교 운동을 이끈 사람들은 기존 불교도가 개인의 해 탈을 목적으로 수행한다고 지적하면서 이를 폄하하여 작은 수레라는 뜻으로 '소승'이라 부르 고, 자신들은 모든 사람의 해탈을 목표로 함을 내세워 큰 수레라는 뜻으로 '대승'이라고 했 다. 이에 현재 소승불교를 지지하는 사람들은 자신들의 불교 교파를 소승불교라 하지 않고 고대 장로들의 수행법을 따르는 사람들이라는 뜻에서 가진 '상좌부 불교'라고 부른다.

을 세우고 대대적인 불교 경전 정리 사업을 벌였
다. 이 과정에서 개인적인 해탈을 목적으로 하
는 기존 불교에서 벗어나 대중의 구제를 강조
하는 대승불교˙가 탄생했다.

　사람들의 신앙생활에도 변화가 찾아왔다.
인간으로서 깨달은 자를 뜻하던 부처가
인간을 구원하는 힘을 가진 신으로
숭배되기 시작한 것이다. 불상도 만
들어졌는데, 이는 간다라 지역의 그
리스인들과 관련이 깊다. 이곳에 살던
불교도가 그리스인들의 신상을 보고 본떠
불상을 만들었기 때문이다.

남부에 여러 나라가 발전하다

인도 아대륙은 빈디아 산맥을 경계로 북부와
남부로 구분하는데, 남부는 평균 높이 500미터
에 이르는 데칸 고원과 그 이남의 타밀 지역으
로 나눌 수 있다. 남부에는 아리아인에게 쫓

간다라 불상 간다라 양식은 사실적이고 입체적인 느낌을 강조하는
데, 이는 신의 모습을 있는 그대로 조각하는 그리스 문화의 영향을
받은 것이다. 이 불상 역시 서양인의 얼굴, 머리 모양, 옷차림을 하
고 있다.

겨난 드라비다인을 비롯한 수많은 종족이 저마다의 생활 방식을 지켜왔으나, 마우리아 제국에 정복되면서 북부의 영향을 받기 시작했다.

데칸 고원 지역에서는 마우리아 왕조가 무너진 후 여러 나라가 독립했는데, 이들 가운데 안드라 왕국(사타바하나 왕국이라고도 불림)이 큰 세력을 만들었다. 이들은 북부의 쿠샨족이 데칸 고원으로 진출하는 것을 막고, 서부와 데칸 고원 북부에서 큰 힘을 발휘하던 샤카족과도 치열하게 경쟁했다.

안드라 왕국의 전성기를 이끈 것은 가우타미푸트라였는데, 그의 가장 큰 업적 역시 영토를 늘린 것이었다. 샤카족과 데칸 고원 북부의 여러 왕을 굴복시킨 그는 자신이 크샤트리아 군주들을 물리친 유일한 브라만임을 강조했다. 이로써 2세기경 북부에는 쿠샨 제국이, 남부에는 안드라 왕국이 큰 세력을 이루었다.

안드라 왕국 사람들의 대다수는 농민이었다. 이들은 모내기법을 바탕으로 키스트나 강과 고다바리 강 사이에 있는 기름진 땅에서 쌀농사를 지었으며, 면화도 생산했다. 또한 북부와의 교류를 통해 주화, 불에 구운 벽돌, 하수도 시설 등의 이용 방법을 배웠다.

수공업과 상업이 발달해 곳곳에 도시가 들어섰다. 상인들은 이곳을 오가면서 장사를 했는데, 바닷길을 통해 로마 제국과는 물론, 아프리카 동부 지역과도 교역했다. 많은 돈을 벌어들인 상인들은 브라만교와 불교 사원을 짓거나 예술가들을 후원해 문화 발전에도 큰 역할을 했다.

타밀 지역은 기원전 2세기경부터 발전하기 시작했다. 아소카 왕 때 불교와 자이나교 승려들에 의해 북부의 문명이 전해졌던 것이다. 벼

2세기경 인도 이 시기 인도 아대륙에는 쿠산 제국, 안드라 왕국, 남부의 세 왕국 등이 이름을 날렸다. 이 나라들은 주변 여러 나라와 활발하게 교류하면서 경제적으로나 문화적으로 매우 풍요로웠다.

푸르샤푸라

히말라야 산맥

인더스 강

갠지스 강

쿠산 제국

빈디아 산맥

아라비아 해

벵골 만

프라티슈타나

고다바리 강

안드라 왕국

키스트나 강

데칸 고원

체라 촐라
판디아

타밀 지역

농사가 발달하자, 도시가 출현했고, 이에 힘입어 여러 나라가 등장했다. 이 가운데 촐라, 판디아, 체라 세 왕국이 크게 일어나 서로 대립했다.

상인들은 쿠산 제국, 안드라 왕국과 마찬가지로 주변 여러 나라와 활발하게 교역했는데, 진주, 향신료, 면직물 등이 주요 수출품이었다. 지배층은 북쪽에서 다양한 종교와 카스트제도 등을 받아들였고, 브라만교와 불교는 동남아시아까지 전해져 그 지역에 큰 영향을 끼쳤다.

3 | 굽타 왕조,
북부를 또다시 통일하다

굽타 왕조, 북부에 또 다른 제국을 세우다

3세기 중반, 서아시아의 사산 왕조 페르시아°가 아프가니스탄과 인더스 강 유역으로 세력을 확대했다. 이에 쿠샨 제국의 영향력이 약해지자, 북인도에는 또다시 수많은 나라가 들어섰다. 굽타 가문은 마가다 지역의 작은 나라를 다스렸는데, 4세기 초반 찬드라굽타 1세가 굽타 왕조를 열고, 갠지스 강 일대를 모두 차지했다.

그의 뒤를 이은 사무드라굽타는 정복 군주로 이름을 날렸다. 그가 연이어 승리를 거두자, 북부 대부분이 굽타 제국의 영토가 되었다. 그는 여기에 만족하지 않고 데칸 고원 남부까지 나아갔다. 이곳의 여러

● **사산 왕조 페르시아** | 사산 왕조가 3세기 초에 파르티아 왕국을 무너뜨리고 건설한 나라로, 조로아스터교의 이념을 기반으로 하는 신정국가의 성격을 띠었다. 7세기 중반 아라비아의 침략으로 멸망하기 전까지 페르시아 문화의 전성기를 이루었다.

동맹국이 저항했으나, 그의 세력을 막기에는 역부족이었다. 그 결과 굽타 왕조는 인도 아대륙 대부분에 영향력을 행사하는 대제국으로 성장했다.

굽타 제국의 전성시대를 연 인물은 할아버지의 이름을 이어받은 찬드라굽타 2세였다. 박트리아의 공격에 성공한 그는 군사를 몰아 땅이 비옥한 동부의 벵골까지 차지했다. 가장 큰 성과는 강력했던 서부의 샤카족을 물리친 것이었다. 이로써 굽타 제국의 최대 영토가 확보되었는데, 일찍부터 대외무역이 발달한 서부의 항구도시들은 경제적으로 큰 도움이 되었다.

정치가 안정되고 경제가 넉넉해지자, 학자와 예술가 들을 보호하는 한편, 이들에 대한 후원이 적극적으로 이루어졌다. 이 과정에서 산스크리트어와 문화에 대한 관심이 높아졌다. 그 결과 문학과 예술, 자연과학과 수학 등에서 눈부신 성과가 나타났다.

그 가운데서도 문학이 두드러지게 발달했는데, 왕실에 소속된 학자와 문학가들이 오랜 세월 입에서 입으로 전해 내려오던 설화를 정리한 결과였다. 인도 2대 서사시인 〈마하바라타〉와 〈라마야나〉가 오늘날의 형태로 정리된 것도 이때였다.

예술 분야에서는 인도의 개성이 이때 만들어졌고, 이는 아잔타 석굴 사원에서 확인

굽타 제국의 금화 굽타 왕조 때에는 금화가 많이 만들어졌는데, 이는 서아시아, 유럽과의 교역으로 번영했던 남부의 여러 도시에서 많은 황금을 가져왔기 때문이라고 추측하고 있다.

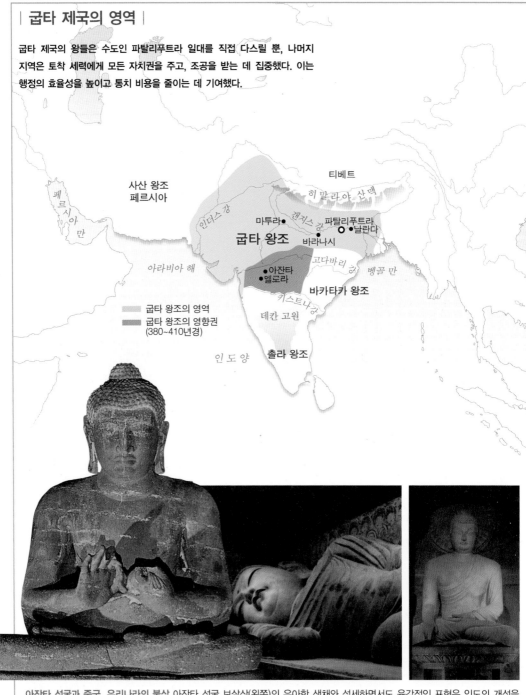

| 굽타 제국의 영역 |

굽타 제국의 왕들은 수도인 파탈리푸트라 일대를 직접 다스릴 뿐, 나머지
지역은 토착 세력에게 모든 자치권을 주고, 조공을 받는 데 집중했다. 이는
행정의 효율성을 높이고 통치 비용을 줄이는 데 기여했다.

티베트

사산 왕조
페르시아

히말라야 산맥

페르시아 만

인더스강

마투라   갠지스강   파탈리푸트라
굽타 왕조   바라나시   날란다

아라비아 해

아잔타
엘로라

고다바리 강   벵골 만

바카타카 왕조

키스트나강

굽타 왕조의 영역
굽타 왕조의 영향권
(380~410년경)

데칸 고원

인도양   촐라 왕조

아잔타 석굴과 중국, 우리나라의 불상 아잔타 석굴 보살상(왼쪽)의 우아한 색채와 섬세하면서도 육감적인 표현은 인도의 개성을
잘 보여 준다. 이는 중국을 거쳐 우리나라에도 영향을 주었는데, 중국의 둔황 석굴(가운데)과 경주의 석굴암(오른쪽)의 불상은
아잔타 석굴 불상의 또 다른 모습이다.

인도	기원전 3세기(브라미 문자)		
	9세기(괄리오르)		
	11세기(데바나가리)		
아라비아	서아라비아숫자		
	동아라비아숫자		
유럽	15세기		
	16세기		

인도 숫자 현재 우리가 쓰고 있는 숫자는 흔히 아라비아숫자로 알려져 있으나, 이는 인도의 숫자 체계와 십진법이 아라비아에 전해진 산물이었다. 오늘날 아라비아숫자로 불리는 이 숫자의 기원은 인도라고 할 수 있다.

할 수 있다. 여기에 있는 많은 불상과 벽화는 서양인 모습을 한 간다라 불상과 달리 인도인의 얼굴을 닮았다. 중국은 물론, 우리나라와 일본에까지 전해져 동아시아 불교 미술에도 영향을 주었다.

자연과학도 세계 수준이었는데, 대표적인 인물로 아리아바타를 들 수 있다. 그는 원주율 값을 3.146으로 계산하고, 이를 바탕으로 지구의 둘레를 정확하게 측정했다. 또한 지구의 자전을 밝혀 내고, 태양과 달을 비롯한 행성의 운행을 기술했을 뿐만 아니라 지동설을 주장했다.

수학의 발달도 눈부셨다. 가장 큰 성과로는 무한대와 영(0)의 개념을 발견한 것이다. 흔히 불교에서 무한대는 '무량수(無量數)', 영은 '공(空)'으로 표현하는데, 이러한 인도 수학의 결실은 훗날 아라비아 숫자와 함께 유럽에 전해져 수학 발전에 크게 기여했다.

힌두교, 대중에게 사랑받다

이 무렵 사람들에게 한 걸음 멀어졌던 브라만교에 변화의 바람이 불어왔다. 복잡한 제사 의식과 제물을 간소화해 사람들의 부담을 줄여준 것이다. 브라만의 역할과 더불어 신상에 대한 참배도 존중했다. 또 제사 외에 고행, 명상 등도 해탈에 이르는 길임을 인정했다. 이런 변화를 거치면서 브라만교가 힌두교로 새롭게 태어났다.

힌두교의 가장 큰 특징은 포용성과 통일성이었다. 이에 불교의 석가모니 등 다른 종교의 신들은 물론, 토속 신들도 힌두 신으로 받아들였다. 이 수많은 신은 창조의 신 브라흐마, 우주 유지의 신 비슈누, 파괴의 신 시바로 정리되고, 그것이 다시 하나로 통합된다는 삼위일체 사상이 일반화되었다.

세 신 가운데 창조의 작업을 끝낸 브라흐마는 인기가 없었던 반면, 비슈누와 시바는 널리 숭배되었다. 특히 비슈누는 인간 사회가 어려움을 겪을 때마다 물고기, 거북이, 크리슈나, 라마 등 여러 모습으로 나타나 이를 해결해 준다고 믿었는데, 석가모니 역시 비슈누의 화신● 가운데 하나였다.

시바는 보통 용맹스러운 수행자, 뱀을 몸에 감고 해골을 머리 장식으로 단 악마 퇴치의 용사, 불 속에서 춤추는 신, 남성의 생식기 등으로 표현되는데, 부인인 파르바티 신과 함께 등장하는 경우가 많다. 이

● **화신(化神)** | 종교, 신화, 전설 등에서 초월적인 존재가 인간, 신 등 여러 모습으로 나타나는 것을 말한다. 최근 인터넷 상에서 즐겨 쓰는 '아바타(avatar)'라는 개념은 여기서 비롯된 것이다.

힌두교의 삼신 왼편에 머리가 넷 달린 신이 브라흐마, 가운데 팔이 넷인 신이 비슈누, 오른쪽이 시바이다. 힌두교는 '3억 3000'의 신을 모신다고 알려졌을 만큼 극단적 다신교로 유명하다. 그러나 힌두교의 다양성은 통일성 속에서 존재한다.

는 브라만이 여러 지역에서 믿는 신들을 힌두 신으로 받아들이는 과정에서 만들어졌을 것이다.

힌두교가 힘을 얻자 굽타 제국의 왕들은 브라만에게 많은 땅을 주면서 힌두교를 적극적으로 지원했다. 그리고 스스로를 비슈누의 화신이라고 주장하며 왕권을 신성시했다.

힌두교가 널리 확산되자, 브라만의 권위가 크게 강해졌다. 현세보다 내세를 중시하고, 의무의 이행을 강조하는 교리가 확산되면서 엄격한 신분 질서에 대한 저항도 약해졌다. 이에 수드라와 불가촉천민●

《마누 법전》 전설상 인류의 시조이자 법을 만든 마누가 썼다고 전한다. 각각의 바르나가 할 일을 규정하고 있는데, 브라만은 베다를 배우고 가르치는 일, 제사를 치르고 주관하는 일, 증물을 주고받는 일을, 크샤트리아는 인민을 지키는 일과 베다 학습을, 바이샤는 짐승을 기르는 일, 상업과 농사를 담당하도록 했다. 수드라에게는 질투 없이 위의 세 신분에게 봉사하는 의무만을 안겨 주었다.

의 구분이 명확해지고, 혈통에 따른 바르나제도와 구별되는 직업에 따른 자띠가 자리를 잡았다.

이 과정에서 각 바르나의 권리, 의무, 생활 규칙 등이 총망라된《마누 법전》이 만들어졌다. 이는 힌두교도가 지켜야 할 종교적 계율인 동시에 일상생활을 규제하는 가장 강력한 규범이었다. 이로써 바르나와 자띠를 기본으로 한 인도 특유의 사회 체계인 카스트제도가 인도 사회 기층에 뿌리를 내려갔다.

● **불가촉천민** | 접촉해서는 안 되는 오염된 사람들로, '찬달라'라고도 불렸다. 훗날 '달리트(억압받는 자)', '하리잔(신의 아들)' 등의 칭호를 얻었다.

● 〈라마야나〉, 인도인의 참모습을 담다

〈라마야나〉는 '라마의 길'이라는 뜻으로, 비슈누의 화신 가운데 하나인 라마의 무용담이다. 이는 〈마하바라타〉와 함께 힌두교를 대표하는 2대 서사시로, 그 내용은 다음과 같다.

아요디아 왕국의 왕위 계승자인 라마는 이웃나라의 공주 시타와 결혼했다. 그런데 질투심 많은 계모가 자신의 아들 바라타를 왕위에 앉히고자 음모를 꾸며 라마의 왕위 계승권을 빼앗고, 왕에게 그를 쫓아내도록 했다. 라마는 이를 자신의 업으로 받아들여 궁궐을 떠났는데, 아내 시타와 동생 락슈마나도 그를 따랐다.

이들이 숲에서 14년을 살던 어느 날, 랑카의 마왕 라바나가 시타를 납치해 갔다. 라마는 락슈마나와 함께 그녀를 구하러 나섰는데, 도중에 만난 원숭이의 왕 수그리바와 동맹을 맺고, 그의 장수 하누만의 도움으로 하늘을 날아 랑카에 도착했다. 라마는 격렬한 싸움 끝에 정의의 칼로 라바나를 죽이고 시타를 구출했다.

이후 라마는 그녀를 데리고 아요디아로 돌아왔다. 백성들은 악을 물리치고 다시 돌아온 라마를 열렬히 환영하는 뜻으로 기름종이에 불을 붙여 성 전체를 장식했다. 정의로운 사람이었던 바라타 왕은 백성들의 환호 속에서 이복형인 라마에게 왕의 자리를 내주었다.

한편, 사람들은 시타에 대해 수군거리기 시작했다. 다른 사내에게 희롱당한 여자가 라마의 왕비로서 통치에 관여하는 것은 곤란하다는 것이었

라마와 악마의 전투 〈라마야나〉에는 인도인들이 추구하는 삶의 참모습과 정의는 항상 승리한다는 믿음이 담겨 있다. 그림은 이상적인 군주이자 정의의 수호자인 라마가 자신의 아내 시타를 납치해 랑카 섬으로 데려간 악마 라바나와 벌이는 전투 장면이다.

다. 자신의 첫 번째 의무는 백성을 행복하게 하는 것이라고 생각한 라마는 눈물을 머금고 그녀와 헤어지기로 결심했다. 이후 라마는 왕국을 잘 다스렸으나, 결국에는 사랑하는 시타를 잊지 못해 그녀를 찾았다. 그러나 이미 시타는 대지의 품으로 돌아간 뒤였다. 라마는 슬픔에 잠겨 혼자 지냈으며 고결한 정신으로 자기의 업을 수행해 백성들로부터 위대한 영웅으로 존경받았다.

이 이야기 속에는 인도인들의 다르마, 즉 부자, 군신, 부부, 형제가 지켜야 할 도리가 잘 담겨 있다. 아버지의 부당한 명령을 말없이 따르면서 정의와 평화를 구현한 이상적인 군주 라마와 그에 대한 충성심을 온몸으로 실천하는 원숭이 대장 하누만, 그리고 목숨을 아끼지 않고 라마를 믿고 따르는 아내와 동생들의 모습이 그것이다.

이후 인도인들은 이들의 힘겨웠던 발자취에서 자신들이 가야할 길을 찾았다. 비록 힘들고 고될지라도 참고 견디면서 올바른 길을 가고자 했던 것이다. 그래서일까? 〈라마야나〉는 오늘날에도 인도 문학을 대표하며 많은 인도인의 사랑을 받고 있다.

힌두교와 그 신들,
다양성과 통일성을 자랑하다

힌두교는 크리스트교, 이슬람교와 달리 창시자나 교리, 교단 조직이 없으며, 오랜 기간 동안 다양한 사상이 융합된 종교여서 정의 내리기가 쉽지 않다. 힌두교는 인도인의 사회, 관습, 전통 등을 포괄하는 용어로, '인도인의 생활 방식'이자 '힌두 문화의 모든 것'이라는 의미로 사용된다.

실제로 힌두교에서는 종교를 선택한다는 의미가 없다. 그렇다 보니 같은 종교를 믿는 집단으로서의 정체성이 희박하고, 종교적 원칙이나 대립 역시 거의 존재하지 않는다. 이처럼 힌두교의 가장 큰 특징은 다양성이라고 할 수 있는데, 그 안에는 종교적인 의례는 물론, 다양한 사상과 신화도 포함된다.

그래서일까? 힌두교에는 사람만큼이나 많은 신이 있다. 원숭이, 코끼리, 뱀 등 동물뿐 아니라 물, 불, 하늘, 땅, 비, 바람 등 존재하는 모든 것이 신이다. 이에 인도인들은 아침에 일어나 잠자리에 들 때까지의 하루하루는 물론, 태어나서 죽을 때까지 모든 과정을 신과 함께한다.

힌두교는 인도 최초의 사람들로부터 비롯되었는데, 이들은 돌의 유용함을 깨닫고, 이를 숭배했다. 여기에 인더스 문명 사람들이 숭배하던 대지의 여신과 이주민인 아리아인이 섬기던 자연 신들이 더해졌다. 이후 수많은 신이 탄생했는데, 이들은 서로 사랑하거나 싸우면서 살아남거나 사라졌다.

인드라는 베다 최고의 신이었으나, 석가모니를 지키는 일개 장수가 되었다. 시바는 베다에 이름조차 없었으나, 훗날 우주의 파괴자로 권위가 높아졌다. 또 비슈누는 원래 하나의 모습이었으나, 부처를 포함한 아홉 가지 모습을 가지게 되었다. 브라흐마는 창조라는 제 역할을 다 마쳐 별로 사랑받지 못하고 있다.

각각의 신들은 동물을 거느리고 있는데, 동물 역시 사람들에게 추앙받는다. 원숭이 신인 하누만이 대표적인데, 그는 비슈누의 화신인 라마를 도운 공으로 영웅이라는 칭호를 얻었을 뿐 아니라 라마로부터 영원한 젊음과 생명을 부여받았다. 이에 그는 사람을 도와 악마를 물리치고, 젊음을 지켜 주는 수호신이 되었다.

코끼리 신 가네샤도 인기가 대단하다. 그는 시바의 아들로, 긴 코와 뚱뚱한 몸을 가지고 있는데, 주로 쥐와 함께 등장한다. 그의 긴 코와 뚱뚱한 몸은 지혜와 부유함을, 쥐는 끈기를 상징한다. 그래서 가네샤는 어려움을 헤치고, 풍요, 번영, 행운, 그리고 평안을 가져다주는 신의 상징이다.

하누만 〈라마야나〉에 등장하는 원숭이 영웅으로, 바람 신의 아들이다. 초자연적인 힘을 지녀서 자유자재로 변신하며, 하늘을 날 수가 있는데, 특히 긴 꼬리는 위력을 발휘한다.

가네샤 아버지인 시바의 실수로 머리가 잘려 나가자, 지나가는 첫 번째 동물의 목을 가져다 붙였는데, 그 동물이 코끼리였다고 한다. 가네샤는 장애물을 제거해 준다고 믿기 때문에 사업을 시작할 때 꼭 모시는 신이다.

이렇게 힌두교는 인도의 역사와 함께 끊임없이 발전해 왔다. 흔히 사람들은 "힌두교에는 3억 3000의 신들이 있다."라고 말한다. 이는 인도인들이 자신들만큼이나 많은 신을 섬긴다는 뜻이다. "인도는 인간의 세상이자 힌두 신의 세계이다."라는 말도 그래서 생긴 것이다.

India

3장

제국의 분열과 이슬람 세력의 침입

5세기 중앙아시아의 유목민인 흉노족이 인도 서북부로 몰려오자 굽타 왕조도 무너졌다. 이후 북부에서 바르다나 왕국, 남부에서 팔라바와 찰루키아 왕국이 이름을 떨쳤으며, 이 국왕들의 후원 아래 힌두교가 더욱 널리 퍼져 나갔다. 8세기에는 이슬람 세력이 인도에 진출했다. 이들은 힌두교도의 거센 저항을 물리치고, 13세기에는 델리에 술탄 왕조를 세웠다. 델리의 술탄들은 이슬람교와 힌두교의 화합을 추구했는데, 두 종교의 장점이 결합된 시크교가 이를 잘 보여 준다. 그러나 16세기 이전에는 이슬람 왕조의 힘이 인도 남단까지 미치지 못했기 때문에, 이곳에서는 촐라와 비자야나가르 왕국이 힌두 문화를 간직한 채 경제적인 번영을 누렸다.

543년경	찰루키아 왕국 성립
600년경	팔라바 왕국 성립
606년경	바르다나 왕국 성립
647년경	바르다나 왕국 붕괴
757년	찰루키아 왕국 붕괴
871년경	촐라 왕국 부흥
893년경	팔라바 왕국 멸망
988년	마흐무드 가즈니, 인도 서북부 침략
1206년	아이바크, 델리 술탄 왕조 건립
1279년	촐라 왕조 멸망
1336년	비자야나가르 왕국 성립
1498년	바스쿠 다 가마, 캘리컷 도착
1646년	비자야나가르 왕국 멸망

1215년	영국, 대헌장 제정
1337년	영국과 프랑스 백년 전쟁(~1453)
1642년	영국, 청교도 혁명

1206년	칭기즈 칸, 몽골족 통일

618년	당 건국
907년	당 멸망
960년	송 건국
1271년	원 제국 성립
1368년	명 건국
1644년	명 멸망, 청이 중국 지배

1428년	중앙아메리카의 아스텍 문명, 중앙멕시코 지배

751년	프랑크 왕국, 카롤링거 왕조 수립

710년	나라시대(~794)
1192년	가마쿠라 막부 성립
1336년	일본, 남북조 시대 시작
1392년	일본, 남북조 통일
1590년	토요토미 히데요시, 일본 통일
1603년	에도 막부 수립

987년	러시아, 그리스정교로 개종

676년	신라, 삼국 통일
698년	발해 건국
936년	고려, 후삼국 통일
1170년	무신 정변
1392년	고려, 멸망, 조선 건국
1446년	훈민정음 반포

1077년	카노사의 굴욕
1517년	독일, 루터의 종교개혁
1618년	30년 전쟁(~1648)

1 | 곳곳에 여러 세력이 공존하다

바르다나 왕국, 북부에서 힘을 발휘하다

5세기 중앙아시아의 유목민인 흉노족이 서북부로 몰려오면서 굽타 제국이 약해지기 시작했다. 무역이 발달한 서부 지역이 떨어져 나간 후에는 세금이 줄어들어 상황이 더욱 나빠졌다. 여기에 황제의 자리를 놓고 다툼이 잦아지자, 굽타 제국의 지배를 받던 여러 나라가 독립을 선언했다.

이에 북부에는 또다시 여러 나라가 들어섰다. 이 가운데 하르샤 왕이 이끄는 바르다나 왕국은 10만 명의 보병, 5만 명의 기병, 6만 마리 코끼리를 갖춘 강력한 군사력을 바탕으로 큰 나라로 성장했다.

하르샤 왕은 7세기 초반에는 주변 나라들을 정복하고 북부 전 지역에 영향력을 행사했다. 여러 권력이 공존하던 북부를 다시 통합한 것이다. 그는 외교적으로도 뛰어난 능력을 발휘했다. 자신의 딸을 서부

의 강자인 구자라트의 지배자와 결혼시키고, 영토를 늘릴 때 힘을 보
태 준 나라와는 끝까지 좋은 관계를 이어 갔다. 중국과도 사신을 교환
했는데, 당의 승려인 현장°과 신라 승려 혜초가 인도를 방문한 것도
이 무렵이었다.

하르샤 왕은 종교와 문화 예술에도 관심이 많았다. 그는 시바 신을
믿었으나, 힌두교에 밀려 힘을 잃어 가던 불교와 자이나교 등에도 관
대했다. 불교의 중심지였던 날란다 사원에서는 불교 승려와 브라만이
함께 공부했다. 불교가 힌두교 속으로 녹아 들어가고 있음을 보여 주
는 것이다.

힌두교의 영향력이 커지면서 카스트제도가 더욱 큰 힘을 발휘했다.
자띠 사이의 구별도 엄격해졌고, 불가촉천민에 대한 차별은 한층 더

날란다 사원 굽타 제국 이후 불교 학문의 중심
지였는데, 바르다나 왕국의 하르샤 왕이 후원
하면서 더욱 번영했다. 연구자들이 1만 명에
이르렀으며, 중앙아시아, 동남아시아, 중국, 한
국 등의 승려들이 찾아와 함께 공부했다.

심했다. 이들은 마을 바깥의 제한된 곳에서 살았는데, 마을에 들어갈 때에는 소리를 크게 질러서 다른 사람들이 자신들을 피할 수 있도록 해야 했다.

하르샤 왕은 왕국 구석구석을 직접 돌아다니며 백성들의 삶을 보살피는 부지런하고 자상한 왕이었다. 국가 재정의 1/4을 백성들을 위해 썼는데, 백성들의 생활에 반드시 필요한 동물을 함부로 죽이지 못하게 하고, 굶주리고 아픈 사람에게 음식과 약을 나누어 주도록 했다.

하지만 바르다나 왕국은 마우리아나 굽타 제국처럼 북부를 온전히 지배하지는 못했다. 결국 하르샤 왕이 죽자 바르다나 왕국도 힘을 잃어 짧은 역사를 마감했다. 이미 북부에서 제국의 시대가 저물고, 여러 권력이 공존하는 시대가 본격적으로 시작되었기 때문이다.

팔라바와 찰루키아 왕국, 남부의 패권을 다투다

남부 역시 수많은 나라가 공존했는데, 타밀 지역에서는 팔라바 왕국이 이름을 날렸다. 팔라바 왕국은 일찍이 촐라, 판디아, 체라 왕국이 있던 곳에 자리했는데, 땅이 얼마나 비옥했는지 코끼리 한 마리가 누울 만한 땅을 경작하면, 일곱 사람이 먹을 식량을 얻을 수 있다는 말이 나올 정도였다.

● **현장(602~664)** | 629~645년에 인도 아대륙 곳곳을 여행한 그의 기록에 따르면, 이 시기 인도인들은 면화, 비단, 양털 등으로 옷을 만들어 입었고, 브라만은 9~30세까지 토론 중심의 교육을 받았다. 특히 사티, 불가촉천민 등을 언급하는 것으로 보아 불교가 쇠퇴하고, 힌두 문화가 널리 퍼졌음을 짐작하게 한다.

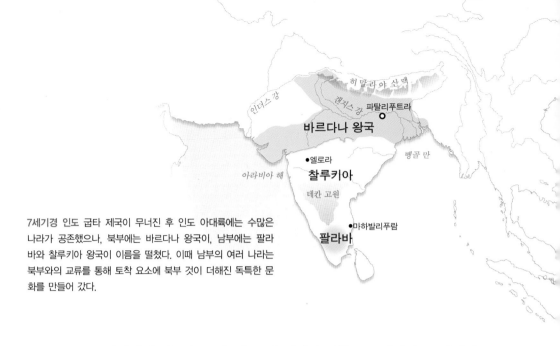

7세기경 인도 굽타 제국이 무너진 후 인도 아대륙에는 수많은 나라가 공존했으나, 북부에는 바르다나 왕국이, 남부에는 팔라바와 찰루키아 왕국이 이름을 떨쳤다. 이때 남부의 여러 나라는 북부와의 교류를 통해 토착 요소에 북부 것이 더해진 독특한 문화를 만들어 갔다.

    팔라바의 왕들은 굽타 제국 때 전해진 힌두교를 믿었다. 브라만에게 많은 제물을 주어, 비슈누, 시바 신 등에게 제사를 지내도록 했다. 또한 불교와 자이나교 등도 수용해 이에 대한 지원을 아끼지 않았다. 그 결과 수도 칸치는 힌두교와 학문의 중심지로 성장했다.

    이즈음 힌두교에 새로운 바람이 불었다. 엄격한 제사 의식보다 신을 진정으로 사랑하고, 신에게 헌신하는 것이 중요하다고 주장하는 박티 신앙●이 북부에서 전해진 것이다. 브라만의 도움 없이 명상과 기도만으로 구원을 얻을 수 있음을 강조한 박티 신앙은 하층민과 여성들의 호응에 힘입어 널리 퍼졌다.

    박티 신앙을 믿는 사람들은 신이 인간, 동물 등 여러 모습으로 나타

● **박티 신앙** | 박티는 '신애(信愛)'라는 뜻으로, 신에 대한 애착심과 사랑을 강조하는 신앙 운동이다.

마하발리푸람 남부의 여러 나라는 힌두교, 불교, 자이나교 등 북부의 여러 종교를 받아들여 더욱 풍성하게 만들었다. 이 조각은 〈마하바라타〉의 내용을 담은 것인데, 주인공인 아주르나와 함께 천사, 야생 동물, 전원의 경치 등이 새겨져 있다. 흔히 '갠지스 강물의 내림'이라고 불린다.

나 자신들을 도와준다고 생각했다. 이에 신들을 화려하게 그리고, 신을 찬양하는 시와 노래를 산스크리트어가 아닌 지방어로 만들었는데, 이 과정에서 여러 토착 신이 더해져 힌두교의 통일성이 더 강화되고, 지방 문화도 발달했다.

타밀 지역에 힌두교 사원을 짓기 시작한 것도 팔라바의 왕들이었다. 특히 마하발리푸람의 라트 사원과 엘로라의 카일라사나타 사원은 어떤 힌두 사원보다 가장 아름답다는 평가를 받고 있다. 그 결과 북부의 문화, 특히 힌두교가 남부 타밀 지역에 널리 퍼졌다.

찰루키아 왕국은 안드라 왕국의 터전이었던 데칸 고원의 서부에 자리를 잡았다. 북부의 바르다나 왕국이 남쪽으로 내려오는 것을 막았

는데, 남부의 주도권을 차지하기 위해 팔라바 왕국과 여러 차례 충돌
했다. 한때 팔라바 왕국에 의해 수도가 점령되었으나, 곧 힘을 회복해
전세를 역전시켰다.

이들도 고원지대에서 농사를 지었으나, 타밀 지역처럼 땅이 기름지
지는 않았다. 그 대신 서부 해안을 따라 발달한 항구도시를 통해 서아
시아 및 동남아시아의 여러 나라와 활발하게 교역했다. 서아시아의
이슬람 상인들의 왕래가 잦았으며, 인도 상인들은 동남아시아에 무역
근거지를 만들기도 했다.

찰루키아의 왕들도 농민과 상인 들로부터 거둔 세금과 전쟁을 통한

엘로라 석굴 사원 전경 아잔타 석굴 사원이 섬세한 벽화로 사람들
을 사로잡는다면, 엘로라 석굴 사원은 웅장한 조각으로 사람들을
압도한다. 사원 앞으로는 넓은 평원이 끝이 보이지 않을 만큼 펼쳐
져 있다.

이익으로 관료 조직과 군대를 유지했다. 또한 이들은 브라흐마와 마누의 후손이라고 주장했다. 힌두 학문과 예술이 발달하는 데 적극 지원함으로써 아잔타와 엘로라 석굴에 많은 사원이 더해졌다.

● 엘로라 석굴 사원

인도 중서부의 마하라슈트라 주의 엘로라에 가면 인도에서 가장 큰 석굴 사원을 만날 수 있다. 길이가 무려 2킬로미터에 이르는

카일라사나타 사원 시바 신 그 자체라고 불리는 티베트의 카일라쉬 산에서 이름을 딴 이 사원은 하나의 거대한 바위로 이루어져 있다. 암벽 속에 공간을 만들어 건설한 다른 사원과 달리, 위에서부터 깎아 내려가면서 사원과 탑을 돌출시킨 것이다.

이 유적에는 34개의 석굴 사원이 있는데, 불상들만 있는 아잔타의 석굴 사원과 달리, 당시 3대 종교인 불교, 자이나교, 힌두교의 신들까지 모셔져 있다.

이 엘로라 석굴 사원은 굽타 왕조 시대에 만들어지기 시작해서 이후 여러 왕조들에 의해 보완되었다. 이곳 신상들은 특이하게도 서로 비슷한 모습을 하고 있다. 이는 다양함을 하나로 통합하는 힌두 문화의 특징이 반영된 것으로, 굽타 시대 이후 계속 힘을 키운 힌두 문화의 위대한 성과물이었다.

이 가운데서도 가장 눈에 띄는 것은 제16굴인 카일라사나타 사원이다. 이곳은 시바 신과 그의 부인인 파르바티를 모시고 있는데, 높이 32미터, 가로 91미터, 세로 39미터의 웅장한 규모를 자랑한다. 더 놀라운 사실은 이 사원이 하나의 거대한 바위로 이루어져 있다는 것이다.

바위를 깎고 파서 만든 여러 개의 기둥이 중앙을 둘러싸고 있는데, 이 기둥이 떠받치고 있는 발코니에는 섬세한 신상과 조각들이 장식되어 있다. 거대함과 섬세함을 두루 갖춘 카일라사나타 석굴은 '엘로라의 꽃'이라 불린다.

2 | 이슬람 세력, 인도 땅에 나라를 세우다

이슬람 세력, 인도로 진출하다

7세기 중반, 바르다나 왕국이 무너지자 인도 북부에 다시 여러 나라가 들어섰다. 이 무렵 서아시아에서 이슬람 세력이 일어났는데, 뛰어난 항해술로 전 세계의 해상무역을 이끌었다. 이들은 8세기에 비단길이 있는 중앙아시아 지역으로 진출했고, 급기야는 인도 북서부까지 밀고 들어왔다.

이곳에는 라지푸트●의 여러 부족이 살고 있었다. 이들은 중앙아시아의 유목민 출신으로, 힌두교를 받아들여 인도에 정착했는데, 어릴 때부터 군사 훈련을 받은 용맹한 전사 집단이었다. 스스로를 '왕의 후

● **라지푸트** | 중앙아시아의 유목민이 인도에 들어와 기존 인도인과 섞여서 만들어진 종족으로, 대부분이 강력한 전사이자 힌두교도였다.

이슬람 세력의 인도 진출 10세기 이후 아프가니스탄 지역에 자리한 여러 이슬람 왕조가 끊임없이 인도로 쳐들어왔다. 이때 인도에는 여러 힌두 왕국이 대립, 경쟁했기에 결국에는 이들을 막아 내지 못했다.

예'라고 불렀는데, 이들의 활약으로 이슬람 세력은 지금의 파키스탄 지역을 차지한 것에 만족해야 했다.

10세기에 접어들자 이슬람 세력은 풍요로운 인도 갠지스 평원을 넘보기 시작했다. 중앙아시아에 거주하면서 이슬람교로 개종했던 튀르크족이 아프가니스탄으로 이동해 가즈니 왕국을 세우고 쳐들어온 것이다. 특히 술탄● 마흐무드는 수차례나 침입했는데, 1018년에는 12만 명의 군사를 앞세워 갠지스 강 유역의 바라나시를 점령하기도 했다.

● **술탄** | 이슬람교의 성서인 쿠란에서는 '도덕적 또는 정신적 권위'라는 뜻이었는데, 흔히 이슬람 세계의 정치적 지배자라는 의미로 쓰인다.

12세기에는 구르 왕조가 가즈니 왕국을 무너뜨리고, 아프가니스탄을 차지했다. 이들 역시 술탄 무함마드의 주도 아래 끊임없이 인도 땅을 공격했는데, 이번에는 라지푸트의 여러 부족이 힘을 합해 맞섰다. 거듭되는 접전 끝에 델리 지역을 차지한 술탄 무함마드는 본격적인 인도 진출에 나섰다.

이후에도 그는 여러 차례 승리했으나, 인도인의 저항으로 적지 않은 위기를 맞기도 했다. 1190년 델리 근처의 타라오리 전투에서 많은 군사를 잃었는데, 무함마드도 가까스로 목숨을 구했다. 복수를 다짐한 그는 1년 뒤 같은 장소에서 또다시 전투를 벌여 미침내 승리를 거두었다.

무함마드는 부하 아이바크에게 점령지를 맡기고 아프가니스탄으로 돌아갔다. 뛰어난 전사였던 아이바크는 점령지를 확대하며 자신의 이름을 널리 알렸다. 무함마드가 죽은 뒤에는 북인도를 실질적으로 지배했는데, 1206년에는 델리를 수도로 삼고 아프가니스탄의 이슬람 세력으로부터 독립된 왕국을 세웠다.

이후 아이바크의 후계자들은 델리를 수도로 고수하고, 바그다드의 칼리프®로부터 정식 술탄으로 인정받았기에 델리 술탄 왕조라고 불린다. 이 왕조는 술탄의 자리를 둘러싼 다툼으로 할지, 투글루크, 사이이드, 로디 왕조 등 집권 세력의 교체와 힌두 세력의 끈질긴 저항 속에서도 350년 동안 북부를 지배했다.

● **칼리프** | 이슬람교를 창시한 '마호메트의 상속자'라는 뜻으로, 정치와 종교적으로 최고의 권위를 가진 '이슬람 세계의 최고 지배자'를 말한다.

인도 문화와 이슬람 문화가 어우러지다

인도에 침입한 이민족 대부분은 인도의 문화와 전통을 받아들이면서 기존 인도인에 동화되었다. 그런데 이슬람 세력은 달랐다. 일상적인 모습은 아니지만, 유일신 알라의 가르침을 내세워 인도인의 종교를 억압하고, 힌두 사원과 신상을 부수었다. 쿠트브미나르와 같은 거대한 탑을 세워 자신들의 힘을 과시하기도 했다.

델리의 술탄들은 알라 앞에서는 모두가 평등함을 강조했다. 이에 힌두교와 카스트제도의 신분 차별로 고통받던 하층민들과, 이슬람 세력과 손을 잡고 출세하고자 했던 사람들이 이슬람교를 받아들였으나, 대다수의 인도인은 자신의 종교를 바꾸지 않고, 오랫동안 이어져 오던 관습도 그대로 따랐다.

결국 델리의 술탄들은 소수의 무슬림이 대다수 힌두교도의 전통을 강제로 바꿀 수 없음을 인정해야 했다. 이에 더 이상 인도인에게 이슬람교를 강요하지 않았다. 이슬람교를 믿지 않는 사람이라도 지즈야만 부담하면 어떤 불이익도 주지 않았다.

또한 델리의 술탄들은 오히려 세력 확장을 위해

쿠트브미나르 72.5미터의 높이를 자랑하는데, 쿠트브 웃딘 아이바크가 세웠다고 전해진다. 탑면에는 쿠란의 구절과 함께 기하학적인 도형과 꽃무늬가 새겨져 있으며, '델리의 상징'이라 불린다.

제자들과 함께 있는 나나크 나나크
가 등장하기 이전 일부 이슬람의 성
자들은 신에 대한 사랑과 헌신을 통
해 신과 하나가 될 수 있다고 주장
했다. 여기에 나나크가 이슬람교의
유일신 사상과 당시 유행하던 힌두
교의 박티 신앙을 결합해 만든 것이
시크교였다.

힌두교도에게 손을 내밀었다. 힌두교도에게 관직을 개방한 것이다.
그 결과 14세기 초에는 데칸 고원 아래까지 영토를 넓힐 수 있었다.
이슬람 상인의 활약으로 상공업이 융성해졌으며, 서아시아와 중국에
이르기까지 활발하게 교역했다. 도시 규모가 한층 커져 델리는 50만
명의 인구를 가진 세계적인 도시로 성장했다.

이 과정에서 기존 인도 전통에 이슬람 문화가 더해져 인도-이슬람

● **지즈야** | 이슬람 왕국에서 무슬림이 아닌 사람들에게 일정 기준에 맞춰 부과하는 세금을 말
한다.

이라는 독특한 문화가 만들어졌다. 페르시아어가 들어와 인도의 산스크리트어와 함께 지배층의 언어로 사용되었고, 페르시아의 문학작품들이 인도에 소개되기도 했다. 또한 페르시아어에 델리 지역의 고유 언어가 더해져 우르두어●가 만들어졌다.

나나크가 이슬람교와 힌두교의 장점을 결합해 시크교를 만든 것도 이때였다. 그는 힌두교의 우상 숭배와 이슬람교의 형식적인 예배를 비판하고, 신은 오직 하나밖에 없으며, 신의 이름을 끊임없이 부르는 사람은 누구나 해탈과 구원을 얻을 수 있다고 주장했다. 시크교는 인간은 모두 평등하다며 카스트제도를 부정했기에 하층민들 사이에서 호응이 높았다.

● **우르두어** | 페르시아어로 '군대의 병영'이라는 뜻으로, 무슬림이 자신들이 고용한 인도 병사들을 지휘하기 위한 것이었다. 18세기 후반부터 그 지위를 확보해 법률언어와 교육언어가 되었고, 훌륭한 문학작품을 탄생시켰다.

3 | 남부, 촐라 왕국과 비자야나가르 왕국이 힘을 떨치다

촐라 왕국, 힌두 문화를 꽃피우다

남인도 타밀 지역의 고대 왕국 중 하나였던 촐라 왕국은 팔라바 왕조가 이 지역을 통합한 이후 이름만 있을 뿐, 세력이 미약했다. 그러나 팔라바 왕조가 데칸 지역의 찰루키아와 다투는 사이에 서서히 세력을 회복했는데, 9세기에 이르러 남부에서 다시 한 번 이름을 날렸다.

11세기에는 라자라자와 라젠드라 국왕 부자의 활약으로 남부에서 가장 큰 나라가 되었다. 이때 데칸 북부의 갠지스 강 유역까지 진출했고, 지금의 스리랑카에까지 손길을 뻗쳤다. 이어 인도네시아 지역에 위치한 스리위자야 왕국의 해군을 물리쳤다. 이에 촐라의 상인들은 아라비아 해는 물론, 동남아시아 바다를 누비며 많은 돈을 벌었다.

촐라 왕국의 자랑은 넓은 땅과 바다만이 아니었다. 풍부한 농산물과 활발한 상공업을 바탕으로 풍요를 누렸다. 국왕들은 더 많은 농산물을 얻기 위해 거대한 댐과 호수를 만들고, 광산, 염전 등에서도 많은 세금을 거두었다.

졸라의 왕들도 힌두교도로 주로 시바 신을 받들었는데, 브라만을 적극적으로 후원하며 곳곳에 힌두 사원을 세우게 했다. 이에 힌두교는 왕실의 특별한 보호 속에서 널리 퍼져 나갔다. 수많은 힌두 사원은 교육 장소로도 이용되었다.

이 무렵 힌두 문학가와 예술가 들이 이슬람 세력의 지배를 피해 촐라 왕국으로 몰려들었다. 이들은 〈라마야나〉를 비롯한 산스크리트 어로 된 문학작품을 남부의 고유 언어로 번역하는 데 힘썼다. 북부의 힌두 예술이 남부의 것에 더해져 한층 더 멋스러운 사원과 조각품이 많이 탄생되었다.

힌두교가 힘을 얻자 카스트 간의 차별도 강화되었다. 그러나 북부만큼 엄격하지 않아 계급 상호 간에 결혼이 가능했다. 남녀 차별 역시 심각하지 않았기에 여성의 사회 활동이 이루어졌다. 여성도 상속권이 있어 재산을 가질 수 있었으며, 사티˙도 북인도처럼 널리 행해지지 않았다.

11세기 중반에 라젠드라 왕이 죽자, 타밀 지역의 여러 왕국이 촐라 왕국으로 쳐들어왔다. 촐라 왕조의 영향력 아래 있던 데칸 지역의 여러 나라도 독립을 주장하면서 자주 반란을 일으켰다. 촐라 왕국의 국력이 서서히 약해지더니, 13세기 말에 이르러 멸망하고 말았다.

● **사티** | 힌두교의 오랜 관습으로 남편이 죽어 화장될 때 부인을 산 채로 함께 태우는 것, 또는 그를 따르는 죽음을 뜻한다. 힌두교도는 사티에 의해 가족의 종교적인 죄가 없어진다고 이를 칭송했으며, 중세에 인도 지방에 널리 확산되었다.

| 11세기 초 촐라 왕국 |

촐라 왕국은 일찍부터 서아시아, 동남아시아 등과 활발하게 교류
했는데, 11세기 초에는 중국과 유럽을 연결하는 중계무역으로 더
욱 번영했다. 그 결과 인도 남부는 물론, 데칸 고원을 넘어 갠지스
강 유역까지 영역을 넓혔다.

히말라야 산맥

인더스강

갠지스강

아라비아 해

벵골 만

찰루키아

촐라

탄조르●

스리랑카

브리하디스와라 사원 촐라 왕국의 수도인 탄조르에 세워졌으며, 지붕과
건물의 연결 부분이 둥근 탑 모양인 북부와 달리, 윗부분이 잘린 피라미
드 형태를 하고 있다.

춤추는 시바 신상 시바 신이 한 발로 악마를 딛고, 다
른 발은 들어 올려 춤을 추고 있다. 가는 허리가 강조
된 촐라의 신상들은 곡선미와 생동감이 뛰어나다.

비자야나가르 왕국, 무역으로 이름을 떨치다

1336년, 북부의 델리 술탄에게 쫓겨 내려온 힌두 집단이 촐라 왕국 사람들과 힘을 합해 비자야나가르 왕국을 세웠다. 이 무렵 데칸 고원에는 델리 술탄으로부터 독립한 이슬람 세력이 바마니 왕국을 세우고, 기름진 땅과 서해안의 무역항을 빼앗으려고 자주 싸움을 걸어왔다.

비자야나가르 왕국이 이를 잘 막아 냄으로써 이슬람 세력은 더 이상 남쪽으로 내려오지 못했다. 이 과정에서 비자야나가르 왕국은 100만 명의 병사를 거느리는 군사 대국으로 성장했다. 강력한 군사력을 유지할 수 있었던 것은 질 좋은 면직물과 향신료를 다른 나라에 팔아 많은 돈을 벌었기 때문이다.

왕국의 여러 항구는 향신료, 면화 등을 사기 위해 각지에서 몰려든 상인들로 북적댔다. 수도 비자야나가르는 중국과 페르시아 상인뿐만 아니라 이탈리아 상인들도 찾는 무역도시로 이름을 날렸다. 이 도시는 7개의 성곽으로 둘러싸여 있었고, 왕궁 주변에 커다란 시장이 네 개나 있었는데, 이는 고대 로마보다도 컸다.

1498년에는 포르투갈의 바스쿠 다 가마가 배 3척을 이끌고 중서부 해안의 캘리컷에 나타났다. 그는 6개월 동안 여기저기를 돌아다닌 끝에 후추를 비롯해 향신료를 가득 싣고 돌아갔다. 이후 포르투갈 상인들이 몰려와 고아에 무역 기지를 만들고, 인도와의 향신료 무역을 이끌었다.

16세기 초에는 크리슈나 데바라야 왕이 영토를 더욱 넓혀 전성시대를 열었다. 그는 곳곳에 물길을 뚫고, 물을 저장하는 시설을 만들어 백성들이 가뭄 걱정 없이 면화와 곡물을 재배할 수 있도록 했다. 또한 학자들을 지원하고, 힌두 사원을 세우는 등 힌두 문화를 더욱 발전시켰다.

그러던 16세기 중반, 비자야나가르 왕국의 부를 노린 데칸의

15세기경 인도 델리 술탄 왕조가 약화된 틈을 노리고 일어난 또 다른 이슬람 국가인 바마니 왕조가 데칸 지역에서 큰 힘을 발휘했다. 데칸 고원 남쪽에서는 비자야나가르 왕국이 이들의 침략을 막고, 해상 무역으로 번영을 누렸다.

히말라야 산맥
인더스 강
델리
델리 술탄국
갠지스 강
벵골
아라비아 해
바마니 왕국
굴바르가
벵골 만
고아
비자야나가르
비자야나가르 왕국
캘리컷

고아 15세기 포르투갈이 차지한 후 유럽 여러 나라와의 무역으로 번영하여 '동방의 로마'로 불렸다. 영국이 인도를 식민지로 만들었을 때에도 포르투갈의 땅으로 남아 있었는데, 1961년에 인도 정부가 무력으로 되찾았다.

이슬람 왕국들이 연합해 쳐들어왔다. 이번에도 격렬하게 맞섰으나, 5
개월 동안 계속된 전쟁으로 왕국의 터전이 폐허가 되었다. 결국 비자
야나가르 왕국은 17세기 초에는 역사에서 자취를 감추었고, 이후 이
슬람 세력의 영향력은 데칸 고원을 넘어 남부까지 미쳤다.

◉ 바스쿠 다 가마, 인도에 오다

유럽은 15세기까지 국제무역의 주변 세력에 불과했다. 세계 무
역이 이슬람, 인도, 중국을 연결하는 축을 중심으로 발전했기 때
문이다. 유럽에서는 이탈리아 상인들이 지중해 동쪽을 오가며
이슬람 상인으로부터 동방 물품을 사들여 이를 유럽 여러 나라
에 판매하는 수준이었다. 유럽은 오랫동안 자급자족적인 장원
경제를 유지했기에 국제시장에 내놓을 만한 교역 상품이 없었
다. 이에 유럽인들은 어떻게든 무역 중심지로 다가가 향신료, 직
물 등을 얻어가고 싶어 했다.
"인도로 가는 새로운 길을 발견한다면, 엄청난 돈을 벌 수 있을
거야."
먼 바다를 향한 유럽인들의 목숨을 건 도전은 이렇게 시작됐다.
가장 적극적으로 나선 것은 포르투갈이었다. 대서양을 접하고
있는 지리적인 장점에, 탐험에 대한 왕실의 아낌없는 지원이 더
해졌기 때문이다. 드디어 1497년 7월, 바스쿠 다 가마를 대장으
로 한 인도 탐험대가 꾸려졌다. 1498년 5월 어느 날, 인도 서남

바스쿠 다 가마의 항로 바스쿠 다 가마는 도중까지 동행한 바르톨로뮤 디아스의 조언에 따라 아프리카에 도착했고, 이후 케냐에서 만난 유능한 아라비아 뱃길 안내인의 도움으로 무사히 인도양을 횡단하여 인도에 도착했다.

해안의 캘리컷에 이방인의 목소리가 울려 퍼졌다.

"여기가 인도다. 우리가 드디어 인도 땅에 도착했다!"

바스쿠 다 가마 일행은 가슴 벅찬 기쁨을 느꼈으나, 인도인들은 그들을 무관심하게 바라볼 뿐이었다. 무역을 하러 온 사람들이 가져온 물건이란 게 보잘것없는 물품뿐이었기 때문이다. 이 지역에 먼저 터를 닦은 이슬람 상인들의 방해는 상거래를 더욱 어렵게 했다. 서해안의 낯선 항구들을 일일이 돌아다니는 고생 끝에 겨우 물물교환에 성공해 향신료를 손에 넣을 수 있었다. 그해 10월에 인도를 출발한 이들은 왔던 길을 그대로 되짚어 이듬해 9월에 포르투갈로 돌아갔다.

많은 사람들이 위대한 항해자들을 맞이했다. 하지만 4척의 배와 170명으로 출발한 탐사대 가운데 2척의 배와 55명 내외의 선원들만이 환영을 받았다. 탐험 도중에 괴혈병, 열병 등으로 많은 사람이 죽었기 때문이다. 인도에서 가져온 향신료가 남겨 준 60배의 이익은 그 희생의 대가였다.

인도 문화,
동남아시아로 퍼져 나가다

인도인들은 일찍부터 동남아시아 지역과 활발하게 교류했다. 이 과정에서 마우리아 제국의 아소카 왕 때 불교, 굽타 왕조 때에는 힌두교가 전해졌다. 팔라바와 찰루키아 왕국 시기에는 더 많은 인도인이 진출했다. 특히 동남아시아의 풍부한 금과 향신료를 확보하려고 간 상인들이 많았는데, 인도차이나 반도는 물론, 여러 섬에까지 나아갔다. 이들 중 일부는 그곳에 정착했는데, 이들을 통해 인도의 발전된 정치체제, 사회 풍습, 문학과 예술 등이 알려졌다.

앙코르와트 사원 캄보디아 서북부에 있는 돌로 만든 힌두 사원. 12세기 초 건설한 왕실 사원으로 그 탑과 조각은 크메르 미술을 대표한다. 벽면에는 고대 인도의 대표적인 이야기 〈라마야나〉와 〈마하바라타〉에서 따온 내용이 새겨져 있다.

인도 문화의 동남아시아 전파 인도의 불교와 힌두교 등은 일찍부터 동남아시아에 전해졌는데, 여기에 동남아시아의 토착 요소가 더해져 독특한 문화가 발전하는 바탕이 되었다.

그 결과 동남아시아 각지에 한층 더 강력한 왕국들이 출현했다. 9세기 지금의 캄보디아에 들어선 크메르 왕국은 힌두 왕국으로 이름이 드높았다. 12세기에는 힌두 사원인 앙코르 와트를 건축했다. 폭 200미터의 해자를 사방에 두르고는 그 안에 담장을 친 뒤 3층 높이의 건물을 쌓고, 그 위에 5개의 탑을 세웠는데, 이들의 균형미와 조화미 등이 뛰어나다. 그뿐만 아니라 길이 1.5킬로미터나 되는 벽면에는 각종 힌두 신화와 〈라마야나〉, 〈마하바라타〉 등의 장면이 새겨져 있다.

지금의 인도네시아에서도 힌두교가 힘을 발휘했다. 인도네시아가 '인도인의 섬'이라는 뜻이니, 그 이름만으로도 인도의 영향을 짐작할 수 있다. 실제로 7세기 이후 성립한 스리위자야 왕국과 샤일렌드라 왕조에서는 힌두교가 널리 신봉되었는데, 불교의 중심지로도 널리 알려져 아시아 각국의 승려들이 찾아왔다. 특히 샤일렌드라 왕조 때에는 불교 사원인 보로부두르가 세워졌는데, 높이는 9층으로 5킬로미터에 달하는 회랑에는 2000여 개의 부조가 새겨져 있고, 400여 개의 불상은 돌로 만든 덮개로 씌워져 있다. 이는 인도의 건축 방식을 따른 것이지만, 부조에 등장하는 인물의 얼굴과 복장 등은 모두 자와인의 모습이다.

지금의 타이에서는 힌두교보다 불교가 힘을 발휘했다. 14세기 성립한 수코타이 왕국과 그 뒤를 이은 아유타야 왕국은 상좌부 불교를 국교로 삼았는데, 아유타야라는 국명은 라마의 고향인 아요디아에서 비롯한 것이다. 현재 타이의 상징은 창타이라는 코끼리이고, 국왕은 라마라는 이

보로부두르 사원 인도네시아 자와 섬 중부에 있는 불교 유적이다. 건축 양식이 독특하고 불상과, 부도, 그리고 조각 등이 훌륭하다. 캄보디아의 앙코르와트에도 큰 영향을 주었다.

름을 가지고 있는데, 이 역시 인도의 영향을 받은 것이다.

이러한 인도 문화의 동남아시아 전파는 그 주역이 인도인이었는지 아니면 동남아시아 인이었는지 명확하지 않으나, 힌두교, 불교 등 인도 문화가 캄보디아, 인도네시아 그리고 타이 지역의 국가 형성과 발전에 영향을 준 것만은 분명하다. 더욱이 군사적 정복이 아니라 평화로운 교류였다는 점에서 그 의미가 크다.

India

4장

무굴 제국의 탄생과
서양 세력의 등장

1526년 칭기즈 칸의 후예인 바부르가 인도에 쳐들어와 델리의 술탄 왕조를 무너뜨리고 무굴 제국을 세웠다. 그의 손자 아크바르는 힌두교도와의 화합을 추구하면서 제국의 기초를 튼튼히 했는데, 그의 정책은 자한기르, 샤 자한에게까지 이어져 무굴 제국은 인도 역사상 가장 넓은 영토를 차지했다. 경제적으로는 세계 최고 수준의 막대한 부를 누렸으며, 문화적으로는 화려한 궁정 문화를 활짝 꽃피웠다. 이후 아우랑제브는 무굴 제국 최대 영토를 개척했으나, 힌두교도와의 화합이 깨지면서 쇠퇴의 길을 걸었다. 여기에 지배층의 내부 분열과 서양 제국주의 세력의 인도 침략이 더해지자, 무굴 제국은 빠른 속도로 몰락해 갔다.

1526년	바부르, 무굴 제국 건국
1556년	아크바르 즉위
1600년	영국, 동인도회사 설립
1605년	자한기르 즉위
1627년	샤 자한 즉위
1632년	타지마할 건설 시작
1658년	아우랑제브 즉위
1707년	바하두르 샤 1세 즉위
1739년	페르시아, 델리 약탈
1756년	아프가니스탄 세력, 델리 약탈

1644년   명 멸망, 청이 중국 지배

1337년   영국과 프랑스,
          백년 전쟁(~1453)
1642년   영국, 청교도 혁명

1590년   도요토미 히데요시, 일본 통일
1603년   일본, 에도 막부 수립

1428년   중앙아메리카의 아스텍 문명, 중앙
          멕시코 지배

1440년경   남아메리카의 잉카,
          안데스 지역 정벌로
          제국 성립

1592년   임진왜란, 한산도대첩
1636년   병자호란

1492년   콜럼버스, 아메리카 땅 도착
1587년   영국, 로어노크 섬에 식민지 건설
1630년   청교도, 매사추세츠 식민지 건설
1675년   필립왕 전쟁

1643년   프랑스, 루이 14세의
          절대왕정(~1715)

1 | 무굴인, 인도 땅에 제국을 세우다

바부르, 무굴 제국을 세우다

칭기즈 칸의 후손인 티무르가 중앙아시아에서 힘을 떨칠 무렵, 이들과의 경쟁에서 패한 바부르가 아프가니스탄의 카불에 자리를 잡았다. 그도 이전 여러 이민족처럼 인도 북서부에 여러 번 쳐들어와 기회를 노리고 있다가 술탄의 자리를 둘러싼 다툼이 이어져 로디 왕조의 힘이 약해지자, 대대적인 침략을 준비했다.

드디어 1526년 봄, 바부르가 1만 2000명의 병사를 이끌고 북서부로 쳐들어왔다. 로디 왕조의 이브라힘이 10배나 되는 병력을 동원해 델리 근처의 파니파트 벌판에서 맞섰다. 긴장감 속에서 곧 바부르의 명령이 떨어졌다.

"적은 수적으로 우리보다 많지만, 코끼리 부대를 앞세운 오합지졸이다. 포병은 앞장서서 적들을 공격하라!"

파니파트 전투 싱겁게 반나절 만에 바부르의 승리로 끝난 이 전투는 바부르가 무굴 제국을 세우는 결정적인 계기가 되었다.

포탄이 쏟아지자 그 위력과 엄청난 소리에 놀란 이브라힘의 코끼리 부대들은 방향을 잃고 어찌할 바를 몰랐다. 그 순간 바부르의 명령이 이어졌다.

"기병들은 좌우측면에서 적들을 공격하라!"

기병들의 공격이 더해지자, 이브라힘은 죽고 그의 병사들은 뿔뿔이 흩어졌다. 몇몇 부하들은 카불로 돌아가기를 원했으나, 이들을 독려해 아그라까지 진격한 바부르는 이를 수도로 한 무굴˙ 제국을 세웠

● **무굴** | 바부르는 자신이 칭기즈 칸과 티무르의 후손임을 강조했는데, 실제로는 튀르크인이었다. 이에 튀르크어로 '몽골'을 뜻하는 '무굴'이 나라 이름이 되었다.

다. 이어 북부의 새로운 주인임을 선포한 그는 병사들을 격려해 영토를 더욱 늘려 나갔다.

힌두 세력인 라지푸트 왕국들의 연합작전으로 어려움을 겪었으나, 우수한 무기와 뛰어난 전술은 이들에게 연이은 승리를 안겨 주었다. 이에 북서부는 물론, 북동부의 벵골까지 차지할 수 있었다. 이제 바부르는 북인도 전역에 영향력을 행사하는 인도의 실질적인 지배자였다.

그런데 무굴 제국을 세운지 4년 만에 바부르가 병으로 죽고 말았다. 아들 후마윤이 그의 자리를 이었으나, 아프가니스탄 계열의 셰르 샤가 반란을 일으키자, 진압에 나섰다가 실패해 페르시아로 도망을 갔다. 페르시아의 도움으로 10여 년 만에 나라를 되찾았으나, 6개월도 지나지 않아 사고로 생을 마감했다.

아크바르, 무굴 제국의 기초를 닦다

후마윤의 갑작스런 죽음으로 아들 아크바르가 황제가 되었으나, 그의 나이 13세에 불과했고, 무굴 제국은 보잘것없이 작은 나라가 되어버렸다. 재상 바이람 칸의 도움으로 황제의 자리를 지켜 낸 그는 청년이 되자, 바이람 칸을 밀어내고 무굴 제국의 영광을 되찾기 위해 힘썼다. 그의 활약은 옛 무굴 제국의 잃어버린 영토를 되찾는 싸움에서 시작되었다.

라지푸트 왕국은 거세게 저항했으나 북부 대부분의 세력은 무릎을 꿇었다. 특히 면화와 물감의 원료인 인디고의 생산지이자 무역항 수라트가 자리한 구자라트와 쌀, 비단, 화약의 연료가 되는 초석 등이

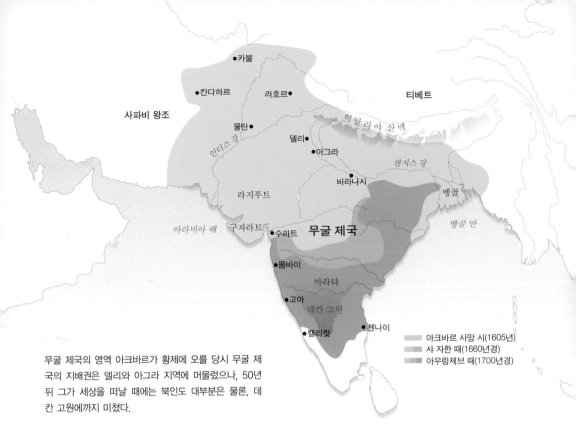

무굴 제국의 영역 아크바르가 황제에 오를 당시 무굴 제
국의 지배권은 델리와 아그라 지역에 머물렀으나, 50년
뒤 그가 세상을 떠날 때에는 북인도 대부분은 물론, 데
칸 고원에까지 미쳤다.

아크바르 사망 시(1605년)
샤 자한 때(1660년경)
아우랑제브 때(1700년경)

풍부한 벵골 지역은 경제적 부를 크게 늘려 주었다.

그는 여기서 멈추지 않고 데칸 지역까지 진군했다. 마우리아와 굽
타 제국의 황제, 그리고 델리 왕조의 술탄처럼 인도 아대륙 전체를 차
지하려는 야망을 가졌던 것이다. 하지만 이전에 그 어떤 왕조도 뜻을
이루지 못했듯이 그 역시 영토를 남쪽으로 조금 더 늘리는 데 만족해
야 했다.

하지만 소수의 무굴인만으로 넓은 제국을 다스릴 수는 없었기에 토
착 세력과의 화합을 추구했다. 라지푸트 족장들에게 관직과 군대를
개방하고, 이슬람교를 믿지 않는 자와 성지 순례자들에게 거두던 세

금을 없앴으며, 자신들이 원하는 종교를 자유롭게 믿도록 했다. 그리고 여러 명의 라지푸트 공주를 아내로 맞이했는데, 이들에게는 자치권을 주어 이슬람 귀족과 동등하게 대우했다.

또한 그는 황제의 영향력이 제국 곳곳에 미치도록 했다. 모든 귀족을 33등급으로 나누어 적게는 10명에서 많게는 5000명의 관리를 거느리게 하고, 이들에게 군사 및 행정 업무를 맡겼다. 다만 자신에게 도전하는 것을 막기 위해 한 관직을 오래 맡거나 세습하지 못하도록 했다.

그는 나라의 경제력을 강화하는 데에도 소홀하지 않았다. 농경지를 늘리고, 새로운 농법을 개발해 널리 보급했는데, 이는 국가 수입의 증가로 이어졌다. 또한 도로 건설 등 상공업에 대한 지원도 적극적이었으며, 그 결과 무굴 제국은 서아시아와 중국뿐 아니라 포르투갈, 에스파냐, 네덜란드 등과도 교역했다.

그의 손길은 가장 큰 사회적 약자였던 여성들에게도 미쳤다. 인도의 전통적인 악습인 사티를 금지하고, 과부의 재가를 허용했다. 또한 아이를 낳지 못하는 경우를 제외하고는 한 명 이상의 부인을 둘 수 없으며, 여자는 14세 이상, 남자는 16세 이상이어야만 결혼할 수 있도록 하는 등의 제도를 정비했다.

이로써 무굴 제국의 정치, 경제, 사회 전반에 걸친 기반이 마련되었다. 그의 영향은 문화면에서도 나타났다. 그는 궁정에 큰 작업실을 두어 인도와 페르시아의 화가를 불러들였다. 이곳에서 페르시아의 세밀화에 색이 화려한 라지푸트 기법이 더해져서 사실적이면서도 활달한 무굴 세밀화가 탄생했다.

아크바르와 무굴 회화 무굴 제국이 인도에 뿌리를 내리는 기초를 만든 아크바르는 글을 읽을 줄
몰랐다. 그래서 화가들에게 여러 가지 그림을 그리게 했는데, 영웅의 일대기, 사냥하는 모습, 궁정
의 일상생활 등을 담은 것이 많다. 무굴 회화는 사실적이고 색채가 화려하며 가는 붓으로 세밀하
게 표현한 것이 큰 특징이다.

● 바부르, 무굴 제국이 나아갈 길을 제시하다

바부르는 1530년 47세로 파란만장한 일생을 마쳤다. 중부의 보팔에 있는 한 도서관에는 그가 사랑하는 아들 후마윤에게 남긴 유서가 있다. 여기에는 그의 아들을 비롯해 그의 후손이 오래도록 가슴에 새길 만한 소중한 교훈이 담겨 있다.

"종교적 선입견을 품지 마라. 모든 백성의 종교적 감성과 의례를 주의 깊게 살펴 공정하게 대하라. 토착민들의 마음을 사로잡으려면 소를 죽이지 마라. 어떤 종교 사원도 파괴하지 말고, 제국 내의 평화를 유지하기 위해서는 그들을 모두 공평하게 대하라. 이슬람은 폭정과 박해라는 칼보다는 사랑과 애정으로 훨씬 더 잘 전파될 것이다. 이슬람교도 내부의 대립을 피하라. 다양한 계절이 있는 것처럼 백성들도 다양한 성향이 있다는 것을 명심하라."

이는 이슬람교 내부의 대립을 피하고, 힌두 세력과도 화합

바부르 바부르는 무굴 제국을 건설했을 뿐만 아니라 무굴 제국이 나아가 길을 제시한 친절한 안내자이기도 했다.

하라는 말이다. 실제로 그의 뜻을 따른 후손은 평화와 번영의 시대를 이끌었고, 그렇지 않은 후손은 갈등과 쇠퇴의 시기를 견뎌내야만 했다. 이후 인도인들 역시 바부르의 유언에 귀를 기울였다면, 현재 인도의 모습도 많이 다를 것이다. 하지만 그가 죽은 이후의 역사는 더 이상 그의 몫이 아니었다.

2 | 무굴 제국, 전성기를 맞이하다

자한기르와 샤 자한, 제국의 번영을 이끌다

아크바르가 죽자 그의 아들이 황제가 되었다. 라지푸트족과 벵골 지역의 반란으로 어려움을 겪었으나, 이를 모두 진압하고 영토를 더욱 늘려 자한기르, 즉 '세계의 정복자'라는 뜻의 이름을 얻었다. 하지만 그 역시 제국의 안정을 위해서는 군사적인 힘과 함께 다양한 세력을 감싸 안는 노력이 필요함을 잘 알고 있었다. 이에 아크바르의 관대한 정책을 이어받아 실천했다. 소란을 일으킨 라지푸트 족장들의 권위를 인정해 주고, 벵골의 반란군 지도자를 풀어 준 것이다. 그 결과 틈만 나면 문제를 일으키던 라지푸트족과 벵골인들이 믿음직한 동반자로 다시 태어났다. 이후 형제들과의 권력 다툼 끝에 황제가 된 자한기르의 아들 샤 자한은 데칸의 여러 나라를 정복하고, 무굴 제국의 전성 시대를 열었다.

폴로 경기를 하는 귀족 폴로는 두 팀으로 나누어 말을 타고, 막대기를 이용하여 상대편 골대에 공을 넣는 경기이다. 페르시아에서 시작되었으나, 몽골 사람들에 의해 무굴 제국에 전해졌다.

　　정치가 안정되자 상업과 수공업과 크게 발달했다. 상인들은 중국, 서아시아뿐 아니라, 유럽 여러 나라의 동인도회사와도 교역했는데, 해마다 바닷길로 3만 톤, 육로로 500톤에 이르는 물품이 배와 낙타에 실려 나갔다. 주요 수출품은 직물, 인디고, 초석, 향신료 등이었고, 수입품은 포도주, 은화 등 사치품이 대부분이었다. 무역의 중심지인 델리, 아그라와 수라트, 라호르 등의 도시들은 규모가 한층 더 커졌다. 당시 무굴 제국에는 인구가 20만 명이 넘는 도시가 9개나 되었는데, 이와 견줄 만한 유럽의 도시로는 런던, 파리, 나폴리가 전부였다.

　　도시에는 귀족과 관리 들이 많이 살았다. 수입이 많았던 이들은 대

무굴 제국의 농민들 함께 모여서 이야기를 나누는 농민들을 담은 기록화이다. 이들은 '나라의 지배자가 누구인가?'보다는 '어떻게 하면 세금을 적게 내고, 배부르게 살 수 있을까?'에 관심이 더 많았다.

개 크고 화려한 저택에서 살았다. 정원에서는 과일 나무와 분수를 배경으로 공작이 뛰어놀았다. 비단옷을 즐겨 입고, 금이나 은으로 장식한 그릇을 사용했으며, 여가 시간에는 코끼리 사냥이나 폴로 경기를 즐기기도 했다. 장사로 돈을 많이 모은 상인들도 귀족과 다름없는 호사를 누렸다. 이들 역시 큰 집에서 살며 그림과 도자기 등으로 집안을 꾸몄는데, 식사 때마다 다 먹지 못할 만큼 많은 음식을 차리는 등 사치를 일삼았다. 낙타와 코끼리 등을 길렀으며, 귀족 못지않게 많은 하인을 거느렸다.

한편, 백성들 대부분은 어렵게 살았다. 대다수는 농민이었는데, 이들은 땅을 소유하고 자식들에게 물려줄 수 있었다. 페르시아에서 들여온 수차로 저수지 물을 사용하기도 했지만 지력 유지를 위해 매년 같은 땅에 작물을 심을 수 없었기에 세금을 내고 나면, 가족들의 끼니를 때우기도 힘겨웠다. 이들은 흙과 풀로 지은 집에 살았고 살림살이도 초라했다. 주로 무명옷을 입었으며 맨발로 지내는 경우도 적지 않았다. 쌀과 밀이 주식이었는데, 무슬림은 돼지고기를, 힌두교도는 쇠고기를 먹지 않았다. 믿는 종교는 다양했으나, 서로의 종교 축제나 잔치에 참여해 어울리면서 평화롭게 살았다.

웅장하고 화려한 궁정 문화가 발달하다

무굴 제국의 번영을 이끌었던 자한기르와 샤 자한 때에는 문화 또한 융성했다. 이들은 튀르크인으로, 튀르크어를 사용했으나, 페르시아 문화를 깊이 동경했다. 이에 페르시아어를 표준어로 삼았는데, 관리들과 출세를 바라는 젊은이들에게 널리 퍼져 나갔다.

자마 마스지드 사원 무굴 제국의 건축물은 웅장하면서도 세련된 것이 많다. 이 사원의 둥근 돔, 높은 탑, 섬세하게 꾸며진 아치와 발코니 등은 보는 이로 하여금 균형 잡힌 아름다움을 느끼게 한다.

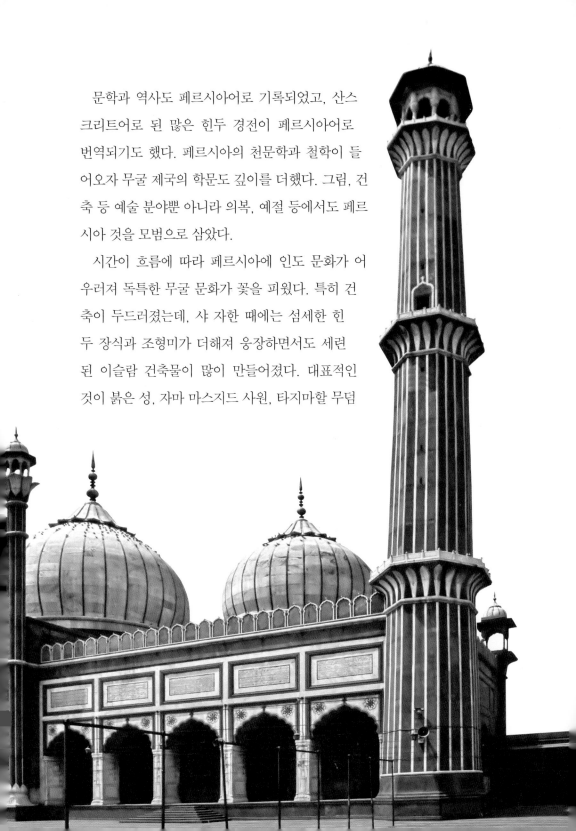

　문학과 역사도 페르시아어로 기록되었고, 산스
크리트어로 된 많은 힌두 경전이 페르시아어로
번역되기도 했다. 페르시아의 천문학과 철학이 들
어오자 무굴 제국의 학문도 깊이를 더했다. 그림, 건
축 등 예술 분야뿐 아니라 의복, 예절 등에서도 페르
시아 것을 모범으로 삼았다.

　시간이 흐름에 따라 페르시아에 인도 문화가 어
우러져 독특한 무굴 문화가 꽃을 피웠다. 특히 건
축이 두드러졌는데, 샤 자한 때에는 섬세한 힌
두 장식과 조형미가 더해져 웅장하면서도 세련
된 이슬람 건축물이 많이 만들어졌다. 대표적인
것이 붉은 성, 자마 마스지드 사원, 타지마할 무덤

황제와 귀족의 공예품 무굴 문화는 궁정 문화로서의 성격이 강했다. 지배층들은 화려한 공예품을 좋아했다. 왼쪽부터 그릇, 장신구, 단검이다.

타블라와 시타르 타블라는 이슬람 음악가가 인도 남부에서 사용하던 북을 개량한 것이고, 시타르는 페르시아의 세타르와 인도의 전통악기인 비나를 참고해서 줄의 배열을 바꾸어 만든 것이다.

타블라

시타르

등이다. 이 건축물들은 황제의 권위를 과시하거나, 개인의 허영심에서 비롯된 것이었다. 그러니 백성의 입장에서는 아름답지만은 않았을 것이다. 이를 짓는 데 들어간 천문학적인 비용은 결국 백성에게 거둔 세금이었고, 공사 내내 수많은 백성이 동원되었기 때문이다.

공예품 역시 백성과는 거리가 먼 것으로, 황실과 귀족의 사치품들이 많았다. 금, 은, 보석으로 장식한 무기와 장신구, 섬세한 문양이 정교하게 새겨진 그릇 등이 그것이다. 질 좋고 화려한 비단과 벵골 지방의 고급 면직물도 이들이 즐겨 찾는 대표적인 사치품이었다.

일상생활에도 변화가 나타났다. 음악에서는 음의 높낮이와 빠르기가 강조되었는데, 인도의 전통악기로 알려진 시타르와 타블라도 이들의 영향을 받은 것이다. 페르시아의 복장인 스카프, 파자마 등도 유행했으며, 인도인의 주식인 쌀과 무슬림이 즐겨 먹는 양고기가 어우러진 새로운 음식이 만들어지기도 했다.

스카프와 파자마 머리에 쓰거나 어깨에 길게 늘어뜨리는 스카프와 헐렁한 바지인 파자마는 페르시아인의 복장이었는데, 이슬람 세력에 의해 인도 북부에 전해졌다. 오늘날에는 인도인의 복장으로 굳어져, 큰 잔치나 평소에도 즐겨 입는다.

3 | 무굴 제국이 쇠퇴하고,
유럽 세력이 다가오다

무굴 제국, 작은 나라로 전락하다

1658년 형제들과의 피비린내 나는 싸움에서 승리한 아우랑제브가 아
버지 샤 자한을 아그라 성에 가두고 황제의 자리에 올랐다. 그는 50년
가까이 무굴 제국을 다스렸는데, 긴 시간만큼이나 많은 일을 했다. 특
히 영토를 크게 넓혔는데, 북부를 비롯해 데칸 대부분의 땅에도 영향
력을 행사했다.

그런데 그는 무굴 제국이 정통 이슬람 국가임을 특히 강조했다. 이
에 주요 관직에 무슬림을 임명하고, 이슬람교를 믿지 않는 사람들에
게 거두던 지즈야를 부활시켰다. 또한 곳곳에서 일어난 반란을 진압
하는 과정에서 시크교 지도자를 처형했다.

이 시기 가장 강력한 반란 세력은 북서부의 힌두 세력인 라지푸트
족이었다. 이들이 힘을 합쳐 들고 일어나자, 아우랑제브는 틈만 나면

골치를 썩이는 라지푸트족을 대대적으로 공격했다. 하지만 이들의 끈질긴 저항은 30년 넘게 이어졌다. 북부 펀자브의 시크교도도 무장 단체를 만들어 무굴 제국에 대항했다. 데칸 지역에서는 또 다른 힌두 세력인 마라타족이 일어났는데, 아우랑제브의 공세로 기세가 잠시 약해졌으나, 이들의 저항은 시간이 갈수록 거세졌다.

아우랑제브의 아들 바하두르 샤 1세 때에는 반란 세력의 저항이 더욱 심했다. 그가 죽은 후 황제 자리를 둘러싼 다툼이 이어지자, 각지의 세력가들이 독립 왕국을 만들었다. 이런 상황에서 페르시아와 아프가니스탄 세력이 연이어 델리를 약탈했고, 무굴 제국의 영향력 아래 있던 작은 나라들도 독립을 선언했다.

18세기 중반 이후에 무굴 제국은 더욱 쇠약해졌다. 특히 마라타 동맹은 북으로 땅을 넓혀 가며 무굴 제국의 몰락을 재촉했고, 북서부의 패권을 놓고 아프가니스탄 세력과 대대적인 전투를 벌이기도 했다. 결국 무굴 제국은 화려했던 과거를 뒤로한 채, 델리 주변만을 다스리는 작은 나라가 되고 말았다.

유럽, 인도 각지로 진출하다

인도에 손을 뻗은 유럽 최초의 나라는 포르투갈이었다. 1498년에 바스쿠 다 가마가 서해안의 캘리컷에 도착한 것이 출발점이었다. 처음에는 인도인과 우호적이었으나, 상인들의 충돌이 잦아지자 군대를 조직했다. 1510년에는 고아를 점령하고, 이를 근거지로 인도와의 향료 무역을 독점했다.

17세기에 접어들자 더 많은 유럽 국가가 인도로 접근했다. 포르투갈의 해군력이 약화된 사이에 네덜란드, 영국, 프랑스 등이 동인도회사를 만들고, 인도와의 무역에 뛰어든 것이다. 특히 영국이 적극적이었는데, 7년 동안 자한기르의 비위를 맞춘 끝에 서해안 수라트에서의 교역을 허락받았다.

인도에서 활동 범위를 넓히고자 했던 영국은 해군이 없는 무굴 제국의 약점을 간파하고는 자신들이 무굴 제국의 상인들을 보호할 수 있게 해 달라며 황제를 설득했다. 영국이 서해안에서 세력을 떨치던 포르투갈을 견제하는 데 도움이 될 것이라 생각한 자한기르는 그의 제안을 받아들였다.

이후 영국은 포르투갈의 해군을 물리치고 아라비아 해와 페르시아만까지 장악했다. 이어 동남 해안의 첸나이, 서해안의 뭄바이, 그리고 인도에서 가장 풍요로운 땅인 벵골 지방의 콜카타에 영국 동인도회사의 무역 사무소가 들어섰다. 이 과정에서 수라트 영국 동인도회사의 무역 사무소가 마라타 왕국을 이끌던 시바지의 공격을 받았다. 영국은 무역 사무소에 성을 쌓아 요새를 만들고, 영국 상인을 보호한다는 명목으로 군대를 조직했다. 그러고는 포르투갈이 그랬던 것처럼 수시로 이를 통해 세력을 키워 나갔다.

영국 동인도회사의 주된 수입품은 직물이었다. 유럽에서 직물이 선풍적인 인기를 끌자, 영국 동인도회사의 주머니가 날이 갈수록 두둑해졌다. 이즈음 인도 직물은 비단에 수를 놓거나 은으로 만든 실을 넣은 것, 그림을 그리거나 판화를 찍은 것 등 그 종류가 150가지를 넘었다. 특히 질 좋고 값싼 직물 생산지인 벵골 지방은 인도에서 영국으로

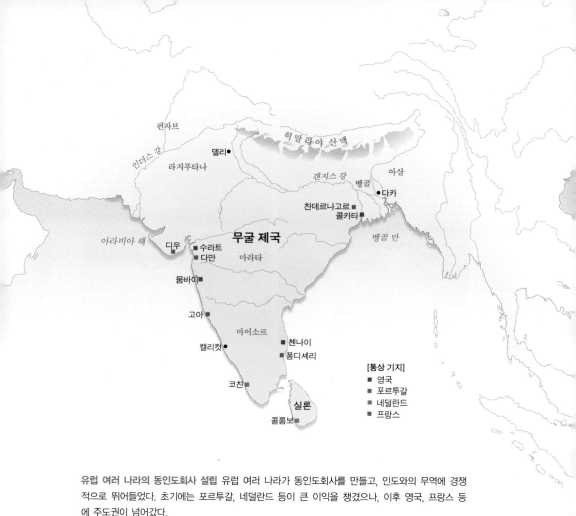

유럽 여러 나라의 동인도회사 설립 유럽 여러 나라가 동인도회사를 만들고, 인도와의 무역에 경쟁적으로 뛰어들었다. 초기에는 포르투갈, 네덜란드 등이 큰 이익을 챙겼으나, 이후 영국, 프랑스 등에 주도권이 넘어갔다.

수출되는 직물의 최대 공급지였다. 초기에는 벵골 직물이 영국 동인도회사 수입의 12퍼센트에 머물렀으나, 18세기 중엽에는 66퍼센트로 늘어났다. 오늘날 방글라데시의 수도 다카에는 이를 사려는 외국 상인들이 구름처럼 몰려들었다. 이 무렵 인도의 직물 노동자는 같은 시기 영국 직물 노동자보다 경제적으로 훨씬 풍요로워 생활 수준이 높았다.

무굴 제국의 대표 상품, 모슬린 여러 가지 무지의 직물을 일컬어 모슬린이라 하지만, 인도에서는 과거 300년 동안 가늘고 섬세하며 부드러운 면직물을 지칭하며 사용되어 왔다. 고급 모슬린은 염색이나 프린트하여 블라우스 드레스 등을 만드는 데 사용되었다.

최고의 히트 상품은 모슬린이었다. 풀밭에 펼쳐 놓으면 풀잎이 보일 정도로 얇고 투명했는데, 공기를 엮어서 짰다고 할 정도로 가벼웠다. 빨면 빨수록 결이 좋아지는 신비의 옷감으로, 최상품은 1마에 400루피를 호가하는 사치품이었다. 반면 모든 물자를 자급자족할 수 있었던 인도인들은 영국 제품에 무관심했다. 이에 대해 영국인들은 동인도회사가 인도에 상품을 수출하지 않고 오히려 인도에서 상품을 실어 나른다고 비난했다. 5년 만에 금 7톤과 은 24톤이 인도로 빠져나가자, 영국 동인도회사는 인도와의 무역구조를 개선해야만 했다.

● 인도인의 또 다른 종교, 시크교

시크교에서는 "모든 인간은 신 앞에 평등하며, 신에게 가까이 가기 위해서는 몸과 마음을 항상 순수하게 해야 한다."라고 강조한다. 이에 시크교도는 술, 마약, 담배 등을 금하고, 직업에 충실하며 봉사하는 삶을 실천하고 있다. 인도에는 수행의 하나로 구걸하는 사람이 많은데, 시크교도 가운데 이런 자가 없는 것은 그 때문이다. 또 이들은 누구나 평등하다는 원칙을 철저히 지키는 것으로도 유명하다. 실제로 시크교 사원에서는 바르나에 관계없이 같이 식사를 한다.

이러한 교리 덕분에 힘을 키운 시크교는 5대 구르*에 이르러 황금 사원을 세우고, 성전을 편찬했다. 그 결과 펀자브 지역을 중심으로 시크교도의 수가 크게 늘어났다. 하지만 시크교의 영향력이 커지자, 무굴 제국의 황제들이 이들을 견제하기 시작했다. 이에 구르는 종교 지도자인 동시에 통치자로서의 모습을 갖추어 갔다.

결국 아우랑제브가 이슬람교도로 개종할 것을 강요하면서 9대 구르를 처형하자, 시크교도는 무굴 제국과 여러 차례 전쟁을 치렀다. 이 과정에서 강력한 결집력과 군사력의 필요성을 인식한

● **구르** | 부모 또는 스승을 뜻하는 말로, '무겁다'는 뜻이었으나 '존경하는 사람'이라는 뜻으로 쓰인다. 현재는 장로나 한 교단의 우두머리에 대한 존칭의 표현이다.

황금 사원 5대 구루인 아르잔이 세운 시크교의 대표 성지로, 400 킬로그램에 달하는 순금 지붕이 유명하다. 당시 힌두 사원은 동쪽에만 문을 설치해 선택된 계급만 드나들 수 있도록 했고, 이슬람 사원은 서쪽에만 문을 설치해 무슬림 남성들만 출입할 수 있었다. 하지만 황금 사원에는 네 방향에 네 개의 문이 만들어져 있는데, 이는 모든 사람이 카스트나 성별에 관계없이 자유롭게 드나들 수 있도록 하기 위해서였다.

10대 구르 고빈드 싱은 무굴 제국에 대항할 수 있는 무장 단체 칼사단을 조직하기에 이르렀다. 구성원 모두가 형제라는 의식을 강화하기 위해 남자에게는 사자라는 뜻의 '싱'을, 여자에게는 암사자라는 뜻의 '카우르'를 이름에 붙여 주었다.

고빈드 싱은 구르의 처형으로 빚어질 시크교의 위기를 방지하기 위해 11대 구르를 사람이 아닌 시크교의 성서인 《구루 그란트 사힙(Guru Granth Sahib)》으로 지정했다. 그 후 시크교는 각 무장 집단의 우두머리가 지도하는 집단으로 나뉘어 인도 전 지역으로 확산되었다. 시크교도는 인도 전체 인구의 2퍼센트에 불과하지만, 이후 인도 아대륙의 정치와 종교 발전에 커다란 영향을 미쳤다.

인도 이슬람 문화의 꽃, 타지마할

　무굴 제국 시기에는 위대한 건축물들이 많이 만들어졌는데, 그중에서도 단연 으뜸은 타지마할이다. 타지마할은 '빛의 궁전'이라는 뜻인데, 이것은 실은 궁전이 아니라 사랑하는 아내 뭄타즈 마할이 죽자, 샤 자한이 그녀를 위해 만든 무덤이다. 인도 최고의 걸작품이 무덤이었다니 놀랍지 않을 수 없다.

　샤 자한은 첫눈에 반해 16세의 뭄타즈 마할을 아내로 맞이했다. 그녀와 잠시도 떨어지지 않았으며, 심지어 전쟁터에 나갈 때도 데리고 갔다. 그녀는 20년의 결혼 생활 동안 무려 14

타지마할 가로 300미터, 높이 160미터의 웅장함에 완벽한 균형미와 정교하면서도 화려한 장식이 더해져 힌두 이슬람 문화를 대표하는 건축물이다.

명의 아들을 낳았는데, 전쟁터에서 14번째 아들을 낳다가 죽자, 샤 자한은 그녀의 죽음을 가슴 아파하며 타지마할을 만들게 했다.

타지마할을 만들기 위해 세금을 50퍼센트나 올렸고, 그 공사는 무려 22년 동안 이어졌다. 매일 2만여 명의 사람들과 1000여 마리의 코끼리가 동원되었다. 또 세계에서 가장 아름다운 무덤을 만들기 위해 페르시아의 유명한 건축가에게 설계를 맡기고, 오스만 제국 등 여러 나라에서 이름난 장인들을 불러들였다. 주된 재료인 흰 대리석 외에도 세계 각지의 보석들을 수입해 지었기에 천문학적인 금액이 들어갔다.

타지마할은 델리에서 남쪽으로 200킬로미터 정도 떨어진 아그라의 야무나 강변에 자리하고 있다. 멀리서 바라보면 우뚝 선 무덤이 한눈에 들어오는데, 대리석의 반투명한 빛이 아주 인상적이다. 중앙에 거대한 돔 지붕이 마치 사람처럼 주변을 바라보고 있는 모습으로 사방에 있는 네 개의 탑이 이를 호위하는 듯하다.

가까이서 보면 웅장함에 눌려 중압감이 들기도 하지만 인도와 이슬람 문화가 잘 조화를 이루고 있다. 흰 대리석과 연꽃무늬 등은 힌두 전통에서 비롯된 것이고, 좌우 대칭과 아라베스크 무늬 등은 전형적인 이슬람풍인데, 벽면은 루비, 사파이어 같은 보석으로 화려하게 장식했다.

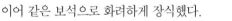

건물 안으로 들어가면, 뭄타즈 마할과 샤 자한의 묘관이 나란히 있는데, 특이한 점은 뭄타즈 마할의 묘석이 정중앙에 위치해 있다는 것이다. 샤 자한의 묘석은 제자리를 잃은 듯이 그 옆에 자리하고 있다. 이는 뭄타즈 마할, 그녀의 이름 그대로 '왕궁에서 가장 고귀한 사람'이라는 샤 자한의 뜻이 그대로 실현된 것이다.

타지마할을 찾는 사람들은 이를 바라보며 애절한 사랑을 떠올리지만, 또 다른 사람들은 수많은 백성을 희생시키면서까지 아내를 위해 거대하고 호화로운 무덤을 만든 그의 행동이 지나치다는 평가를 내리기도 한다. 어찌 되었든 타지마할은 사랑이라는 이름으로 만들어진 위대한 건축물로, 명실상부한 인도의 상징임이 틀림없다.

I n d i a

5장

영국 지배하의 인도

무굴 제국이 약해지자 영국, 프랑스 등 서양 여러 나라의 제국주의 세력이 인도를 놓고 치열하게 경쟁했다. 1757년 플라시 전투에서 승리해 프랑스로부터 인도에서의 우위를 확인받은 영국은 동인도회사를 통한 인도와의 무역 독점으로 막대한 경제적 부를 얻었다. 이후 군대를 앞세워 근거지를 넓히면서 인도를 영국의 원료 공급지 및 상품 시장으로 만들어 갔다. 이 과정에서 영국인들은 인도의 문화와 종교를 억압하고, 자신들이 지배하는 데 유리하도록 인도 사회를 뜯어고쳤다. 이에 대한 반발로 세포이의 항쟁이 일어났는데, 영국은 이를 강제로 진압했다. 그러고는 영국 정부가 인도를 직접 지배하기 시작했다. 이로써 대영 제국은 전성기를 누렸고 인도는 더욱 빈곤해져 갔다.

1757년	플라시 전투
1765년	영국, 벵골 지역 징세권 확보
1818년	영국, 마라타 왕국 병합
1828년	로이, 브라마 협회 창립
1857년	세포이 항쟁
1858년	무굴 제국 멸망, 동인도회사 폐지, 영국령 인도 제국 수립
1875년	다야난다, 아리아 협회 창립
1893년	비베카난다, 세계 종교회의 참석

1759년	청, 위구르를 평정하고 신장 (신강)이라 개칭
1840년	아편전쟁
1894년	청일전쟁

1776년	미국, 독립선언
1861년	남북전쟁

1760년경	영국에서 산업혁명 시작
1765년	와트, 증기기관 완성
1832년	영국, 선거법 개정

1868년   일본, 메이지유신

1848년   독일, 마르크스와 엥겔스 《공산당 선언》

1811년   홍경래의 난

1789년   프랑스, 프랑스혁명·인권선언
1804년   나폴레옹 황제 즉위

1822년   멕시코·브라질 제국 수립

1 | 영국 동인도회사, 세력을 확대하다

영국 동인도회사, 인도 아대륙 곳곳을 차지하다

무굴 제국이 약해지자 유럽 여러 나라의 동인도회사들이 인도에서 더 많은 이익을 얻기 위해 치열하게 싸웠다. 특히 영국 동인도회사의 활약이 돋보였는데, 남부에서 포르투갈과 네덜란드를 밀어내고 향신료를 독점하더니, 벵골에서는 프랑스와 전쟁을 벌인 끝에 초석, 비단, 모슬린 등을 독차지했다. 그런데 벵골을 다스리던 시라지가 프랑스를 가까이 하면서 영국을 몰아내려고 했다. 이에 영국은 시라지의 부하인 자파르에게 접근했다.

"우리를 돕는다면, 당신을 벵골의 새로운 지배자로 삼겠소."

자파르는 영국의 제안을 받아들였고, 영국과의 무역이 이득이 될 것이라고 생각한 귀족과 상인 들도 영국을 지지했다.

드디어 1757년, 시라지와 프랑스, 그리고 영국 군인 들이 콜카타 북

| 플라시 전투 |

벵골의 지배자가 프랑스와 손을 잡고 영국과 벌인 싸움이다. 병사의 수는 벵골
지배자가 월등히 많았으나 그의 부하들을 매수한 영국이 승리했다. 1760년경에
제작된 플라시 전투 지도에는 병력의 이동과 그에 대한 설명이 적혀 있다.

클라이브와 자파르 시라지를 배신하고 동인도회사를
도운 자파르는 벵골의 총독이 된 후 클라이브에게
막대한 배상을 해야 했다.

쪽의 플라시 평원에서 마주했다. 시라지군은 프랑스군을 제외하고도 5만 명이 넘었으나, 영국군은 용병인 세포이[●] 2200명을 포함해 3000명에 불과했다. 병력 수로는 결과가 뻔했기에 시라지가 승리를 확신하며 명령했다.

"자파르, 영국군을 콜카타에서 영원히 쫓아 버려라!"

하지만 자파르는 주력 부대를 이끌면서 전투에 참가하지 않고 병사들에게 지시했다.

"영국군에 대한 공격을 중지하고 즉시 퇴각하라!"

이 소식이 시라지에게 전해졌을 때 이미 군사들은 이리저리 흩어진 뒤였다. 시라지는 피신할 겨를도 없이 자파르의 아들에게 붙잡혀 죽고 말았다. 이처럼 플라시 전투는 많은 병력이 동원된 전투였는데, 영국의 승리라는 의외의 결과를 낳고 단 하루 만에 끝났다.

자파르는 벵골의 새로운 지배자가 되었으나 허수아비에 불과했다. 실질적인 권한은 영국에 있었다. 영국은 그에게 플라시 전투에 대한 배상금을 지불하게 하고, 영국 상품에 대한 관세 면제 등의 특권을 얻어 냈다. 여기에는 콜카타에 성을 쌓고, 주화를 발행할 권리까지 포함되었다.

얼마 뒤 천국이라 불릴 정도로 토지가 비옥한 벵골 지방의 세금 징수권이 영국에 넘어갔다. 여전히 영국은 인도 상품을 실어 날랐으나, 벵골 지방에서 거둔 토지세로 대금을 지불했기에 더 이상 영국의 은

● **세포이** | 페르시아어로 '병사'라는 뜻인데, 유럽 여러 나라의 동인도회사에서 고용한 인도인 병사를 말한다.

시크 왕국
펀자브
히말라야 산맥
인더스강
네팔
델리●
무굴 제국
아삼
라지푸타나
갠지스 강
신드
구자라트
벵골
콜카타●
버마
아라비아 해
마라타 왕국
벵골 만
몸바이●
하이데라바드
1805년의 영국 통치 영역
1856년의 영국 통치 영역
고아●
(포르투갈)
마이소르
●첸나이
●퐁디셰리
코친●
실론

영국의 통치 영역 확대 1757년 플라시 전투에서 승
리한 이후 영국 동인도회사는 벵골의 막대한 부를
차지하고, 이를 토대로 인도 아대륙 각지의 여러 나
라를 병합해 나갔다.

이 인도로 들어오지 않았다. 이로써 인도의 부가 영국으로 빠져나가
기 시작했다.

영국은 벵골 지방의 소금, 후추, 담배 등의 무역도 독차지했다. 그
수익은 산업혁명의 바탕이 되었는데, 일부는 인도 아대륙의 여러 나
라를 공격하는 데 쓰였다. 그러나 인도 여러 나라의 지배자들은 힘을
합해 영국에 대항하지 않았다. 가까운 적은 경계했으나, 멀리서 온 영
국은 위험한 존재로 여기지 않았던 것이다.

실제로 영국은 인도 여러 나라의 대립을 이용해 세력을 확장했다.

영국군의 위세에 눌려 나라를 넘긴 왕도 있었으나, 어떤 왕은 이웃 나라를 치기 위해 영국을 끌어들였다가 도리어 영국에 지배권을 빼앗겼다. 영국의 가장 큰 걸림돌이었던 남부의 힌두 왕국인 마이소르도 1799년 영국, 하이데라바드, 마라타 왕국의 연합군에게 무릎을 꿇었다.

유럽 대륙만한 인도 아대륙에 하나의 국가만이 존재한 적은 없었다. 언제나 나라는 여럿이었고 경쟁을 통해 발전해 갔다. 그러나 영국이라는 낯선 적을 과소평가했다가 하이데라바드와 마라타 왕국마저 무너졌다. 펀자브의 시크 왕국도 마찬가지였다. 이후 인도 아대륙 곳곳에서 영국군의 발걸음은 거침이 없었다.

인도, 영국의 원료 공급지와 상품 시장이 되다

플라시 전투 이후 모든 것이 역전되었다. 인도 직물이 영국으로 가는 것이 아니라 영국 직물이 인도로 들어왔다. 산업혁명 이후 영국의 값싼 직물이 대량으로 밀려오자, 10년 만에 영국의 인도 직물 수출액이 수백 배나 늘어났다. 인도의 직공들은 직장에서 쫓겨나 거리를 떠돌았다.

유럽의 귀부인들에게 사랑받던 벵골 지역의 모슬린도 자취를 감추었다. 영국은 모슬린의 경쟁력을 떨어뜨리기 위해 80퍼센트의 세금을 붙이는 한편, 모슬린 직공들의 엄지손가락을 자르는 만행을 저질렀다. 인도의 직물 산업은 철저하게 파괴되었다. 굶어죽은 직공들의 뼈가 들판을 하얗게 뒤덮고 있다는 소문이 돌 정도였다.

| 영국 동인도회사 |

동인도회사는 영국 정부로부터 인도와의 무역에 대한 특허를 받은 회사로 출발했으나, 상권을 확대하는 과정에서 영국 정부로부터 권리를 위임받아 인도를 지배하는 영국 정부의 대리 기관이 되었다.

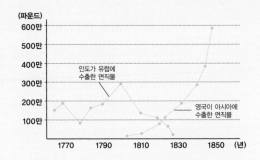

(파운드)
600만
500만
400만
300만 — 인도가 유럽에 수출한 면직물
200만 — 영국이 아시아에 수출한 면직물
100만

1770 1790 1810 1830 1850 (년)

인도 직물 산업의 몰락 인도 땅 대부분을 차지한 영국은 인도 면화를 싼값에 사서 만든 면직물을 인도에 되팔았다. 공장에서 대량으로 생산된 영국 면제품이 몰려오자, 인도의 면직물 산업은 빠르게 무너졌다.

인도 민중의 굶주림 유럽의 제국주의 세력을 만나기 전 인도는 세계적인 부를 자랑했으나, 영국에 정복된 이후 막대한 부가 빠져나가자, 인도 민중은 가난과 굶주림에 허덕였다.

인도인의 대다수였던 농민들의 피해도 심각했다. 원래 인도에서는 토지에 대한 지주의 소유권과 함께 농민의 경작권이 인정되었기에 농민들이 땅에서 쫓겨나는 일이 거의 없었다. 토지세의 경우 정해진 비율이 없지는 않았으나, 해마다 수확량에 따라 융통성 있게 조절하는 것이 일반적이었다. 그런데 영국이 욕심을 부렸다. 토지 수입을 늘리기 위해 농민의 경작권을 부정하고, 지난 10년 가운데 거둔 최고치를 기준으로 토지세를 고정한 것이다. 많은 농민이 농사짓던 땅에서 쫓겨났고 그나마 농사를 계속 지을 수 있었던 농민들은 수확량에 관계없이 해마다 무거운 세금을 내야 했다.

인도는 아편 생산지로도 영국에 소중한 존재였다. 영국에서 차를 마시는 것이 유행하자, 많은 양의 은이 차를 생산하는 중국으로 빠져나갔는데, 영국은 벵골에서 아편을 재배해 중국에 밀수출하고 그 판매 대금으로 차를 구입했다. 신사의 나라임을 자부하던 영국이 독을 팔아 이익을 챙긴 것이다.

19세기 중반 영국은 인도에 철도를 놓기 시작했는데, 50년도 지나지 않아 길이가 6600킬로미터에 이르렀다. 세계에서 네 번째 규모이고 아시아의 모든 철도를 합친 것보다 길었다. 철도는 원자재와 상품을 실어 나르는 것은 물론, 곳곳에서 일어나는 인도인의 저항을 빠르게 진압하는 데에도 한몫했다. 한 영국인은 지난 30년 동안 인도에서 빼앗아 간 경제적 부는 연간 430만 달러에 달한다고 기록했다. 이를 현재 가치로 환산하면, 570억 달러가 넘는 천문학적인 금액이다. 또 다른 영국인은 영국의 제도는 마치 스펀지 같아서 갠지스 강에서 모든 것을 빨아들여 템스 강변에 짜낸다고 고백했다.

이로써 인도는 영국에 원자재를 공급하고 상품을 판매하는 시장이 되었다. 인도인은 가난과 굶주림에 시달렸으며, 극심한 흉년에는 지역 인구의 1/3이 죽기도 했다. 유럽인의 평균수명이 60세였을 때에도 인도인의 평균수명은 32세에 불과했다.

2 | 근대화와 사회 개혁 운동이 일어나다

근대화와 민족운동에 눈뜨다

인도에 발을 들여놓은 영국은 인도의 다양한 정치 세력은 물론, 유럽 여러 나라와도 치열하게 경쟁했다. 처음에는 인도인의 삶이나 종교에 간섭할 여유가 없었다. 하지만 산업혁명이 일어나자, 거대한 인도 시장의 매력을 알아차리고는 사회, 문화 전반을 침략하기 쉽게 뜯어고치기 시작했다. 이를 위해 영국은 인도를 체계적으로 연구했다. 인도를 알아야만 안정적인 지배가 가능했기 때문이다. 이 과정에서 영국은 사티 같은 인도의 악습에 주목하고, 자신들이 인도주의자임을 내세워 이를 금지했다. 그리고는 영국의 인도 지배가 인도인에게 근대화라는 축복을 안겨 줄 것이라고 선전했다.

크리스트교 선교사들도 몰려와서는 크리스트교만이 우상 숭배와 미신에 사로잡힌 힌두교로부터 인도인을 구제할 것이라면서 인도 지

사티 영국은 인도의 부정적인 모습을 찾아내고, 이를 적극적으로 드러내면서 자신들의 지배를 합리화했다. 대표적인 것이 사티인데, 그림에서도 이러한 의도가 살도록 열광하는 인도의 전통주의자들과 기겁하는 영국인들의 모습을 대비하고 있다.

배를 정당화했다. 이들 역시 크리스트교의 가르침을 내세워 다양한 인도의 신앙과 관습을 억압하는 데 앞장섰다.

이어 영국은 인도인의 정신 개조에도 적극적으로 나섰다. 인도인이 더 나은 삶을 살려면 영국인을 닮아야 한다고 강조하며, 학교를 세워 유럽의 학문과 영어를 가르쳤다. 이를 통해 인도인을 갈색 피부의 영국인으로 만들고자 했는데, 영국을 동경하는 인도인들이 늘어나면, 인도 지배가 더욱 굳건해지리라 생각했기 때문이다.

실제로 이러한 정책은 영국의 인도 지배에 필요한 중간 계층을 만드는 데 기여했다. 그런데 예상치 못한 변화를 불러왔다. 근대 교육을 받고 성장한 인도 지식인들이 언론, 집회 등을 통해 유럽의 문화와 사상을 알려 나가자, 많은 인도인이 민주주의, 민족주의, 반제국주의 등을 접하게 된 것이다. 결국 이는 인도인이 근대화를 고민하고 민족운동을 전개하는 계기가 되었다.

종교와 사회 개혁 운동을 일으키다

인도에서 영국인들의 힘이 커가자, 인도인들은 자신들의 사상이 서양에 뒤쳐진 것은 아닐까 하는 의문을 가졌다. 인도인들 내부에서도 서양의 장점을 받아들여 잘못된 점을 고쳐야 한다거나 인도 고유의 사상을 더욱 강화해서 강력했던 옛 모습을 되찾아야 한다는 주장이 제기되었다. 이를 가장 먼저 실천한 사람이 람모훈 로이였다. 브라만으로 태어난 그는 어려서부터 여러 곳을 여행하며 다양한 경험을 쌓았는데, 한때 영국 동인도회사에서 일하기도 했다. 이 과정에서 한층 더 강력한 힌두교의 필요성을 느낀 그는 1828년에 브라흐마 협회를 만들었다.

로이는 서양 문명을 개혁의 도구로 활용할 것을 주장했는데, 크리스트교도가 그리스도, 무슬림이 알라라는 유일신을 숭배하는 것과 그 권위를 하나의 성서에 담았다는 사실에 주목했다. 이에 힌두들이 많은 신을 섬기는 것과 신상을 만들어 숭배하는 것을 우상 숭배라며 비판하고, 베다를 성경과 쿠란에 대응할 힌두교의 성서로 내세웠다. 그러고는 여성 차별은 힌두교와 아무런 관련이 없다며 영국의 비판에 정면으로 맞섰다. 하지만 경직된 카스트제도를 비롯해, 사티, 어린이

비베카난다(1863~1902) 인도
지식인들이 서양 문화를 일방적으
로 받아들이거나 적대시할 때, 그
는 서양 물질문명의 가치를 인정
하고 인도 정신문화의 우수성을
알렸다. 이는 동양과 서양의 화합
을 이끌어 내려는 노력이었다.

결혼 등의 풍속에 대한 문제점을 인정하고 이를 고치고자 노력했다.
이어 인권 신장, 남녀평등 등을 주장했는데, 대도시를 중심으로 적지
않은 사람들이 적극 호응했다.

　이 무렵 다야난다가 벵골에서 태어났다. 그는 로이처럼 서양 문명
의 가치를 인정하지 않았으나, 아리아 협회를 만들어 서양에 대적할
강력한 힌두교를 만들고자 했다. 그 근원을 베다에서 찾은 그는 본래
베다는 무한한 힘을 가지고 있었는데, 무슬림과 크리스트교도의 지배
로 인해 힘이 사라졌다며 순수했던 본래의 모습을 되찾자고 주장했
다. 그 역시 인도 사회에 널리 퍼져 있는 악습은 베다와 관계없다고 강

조했다. 하지만 하층민들에게 큰 고통을 안겨 주는 카스트제도, 불가촉천민제도는 물론, 지나치게 많은 신을 섬기는 것, 신에게 과도한 제물을 바치는 것 등은 고쳐야 한다고 주장했다.

가장 적극적으로 힌두교를 알린 사람은 비베카난다였다. 그는 해탈을 위한 개인적인 노력도 중요하지만, 더 많은 사람을 구원하기 위해 노력해야 하며, 신에 대한 최고의 봉사는 어려운 사람들을 돕는 것이라고 주장했다. 실제로 그는 굶주림, 홍수, 전염병 등이 일어날 때마다 구호의 손길을 내밀고, 학교와 병원을 열었다.

비베카난다는 1893년에 미국 시카고에서 열린 세계 종교 회의에 참가했다. 여기서 그는 모든 나라와 개인에게는 저마다의 역할과 장점이 있는데, 이를 서로 존중할 때 세계 평화와 인류 행복에 다가갈 수 있다고 목소리를 높였다. 서양 여러 나라가 동양을 지배하고 서양의 합리주의가 동양의 미개한 사회를 개혁한다고 생각하는 서양인들에게 일격을 가한 것이다.

이후 그는 미국과 영국에서 4년 동안 힌두 문화에 대한 강의를 통해 많은 서양인에게 인도 정신문화의 우수성을 알렸다. 하지만 그를 포함한 인도 지식인의 노력은 인도인 대다수가 사는 농촌에까지 미치지 못했다. 그 결과 인도의 사회 변화는 아주 느린 속도로 진행될 수밖에 없었다.

3 | 영국 정부, 인도를 직접 지배하다

세포이, 영국에 대항하다

1857년 5월 어느 날, 인도인들의 불만이 터졌다. 델리에서 40킬로미터 정도 떨어진 부대에서 영국이 고용한 세포이들이 영국인 장교들을 죽인 것이다. 그날 저녁 해가 지자 이들은 어둠을 헤치고 델리로 향했다. 델리는 무굴 제국의 수도로, 황제가 머물고 있었기 때문이다.

다음 날 새벽, 이들이 델리에 도착하자 그곳에 있던 세포이와 백성들도 합류함으로써 델리 시내를 쉽게 장악할 수 있었다. 기세가 오른 이들은 무굴 제국의 황제인 바하두르 샤 2세®가 머물고 있는 붉은 성으로 쳐들어가 영국인을 몰아내고, 황제를 자신들의 지도자로 세웠다.

● **바하두르 샤 2세** | 1837~1858년 재위한 무굴 제국의 마지막 황제였으나, 영국에 예속된 국왕으로 실질적인 권한이 없었다. 세포이 항쟁 때 주도자들에 의해 지도자로 추대되었다.

이 사실이 알려지자 많은 인도인이 합류했다. 영국의 약탈에 시달리던 농민, 수공업자, 상인은 물론 크리스트교를 비롯한 서구 문화의 전파에 불만을 가진 이슬람과 힌두교 지도자들도 이들과 뜻을 같이했다. 그 결과 봉기의 규모는 물론, 세력 범위도 북부 곳곳으로 확대되었다.

인도인의 엄청난 힘을 경험한 영국은 깜짝 놀랐다. 인도를 식민지로

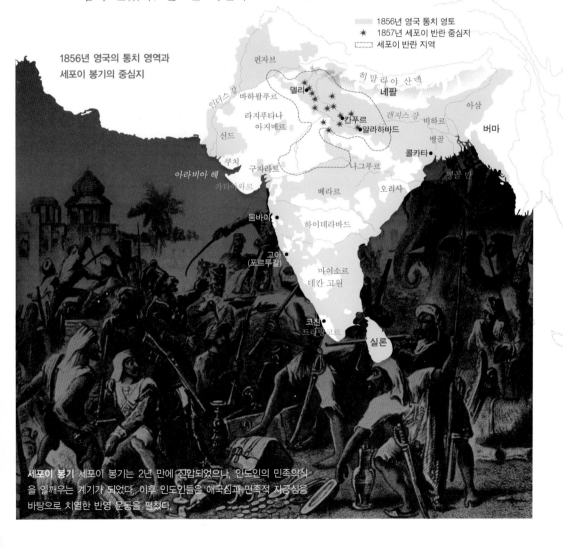

1856년 영국의 통치 영역과
세포이 봉기의 중심지

- 1856년 영국 통치 영토
- ✱ 1857년 세포이 반란 중심지
- ⌐⌐⌐ 세포이 반란 지역

펀자브
히말라야 산맥
인더스 강
바하왈푸르
델리
네팔
아삼
라지푸타나
아지메르
캅푸르
갠지스 강
비하르
버마
신드
알라하바드
벵골
쿠치
콜카타
구자라트
나그푸르
아라비아 해
카티아와르
벵골 만
뭄바이
베라르
오리사
하이데라바드
고아
(포르투갈)
마이소르
데칸 고원
코친
트라방코르
실론

세포이 봉기 세포이 봉기는 2년 만에 진압되었으나, 인도인의 민족의식을 일깨우는 계기가 되었다. 이후 인도인들은 애국심과 민족적 자긍심을 바탕으로 치열한 반영 운동을 펼쳤다.

만들기 위해 영국이 100년 동안 쌓은 공든 탑이 3개월 만에 무너질 듯
보였다. 죽어 가는 영국인이 늘자, 이제는 영국인이 인도 땅에서 영원
히 쫓겨나는 것이 아닐까 걱정해야 했다.

그러나 인도인의 저항은 치밀한 계획하에 일어난 것이 아니었다.
바하두르 샤 2세도 상징적인 존재에 불과했으며, 영국의 지배를 받던
작은 나라의 통치자들, 대지주와 대상인 들은 이들의 저항을 방관했
다. 심지어 일부 지식인들은 무굴 제국의 황제를 앞세운 인도인의 저
항이 불평등한 사회로 되돌아가려는 것이라고 주장했다.

우수한 무기를 앞세운 영국의 반격 역시 만만치 않았다. 본국에서
지원군을 보냈고, 인도의 동부와 남부에 있던 영국군도 항쟁의 중심
지인 북서부로 모여들었다. 더욱이 무굴 제국과 사이가 좋지 않던 편
자브의 시크교도가 영국 편에 섰다. 결국 9월 이들의 대대적인 공격으
로 델리가 무너졌고, 이후 무차별적인 영국군의 공세가 이어졌다. 그
기세가 얼마나 대단했던지 인도인들은 악마의 바람이 불었다고 표현
할 정도였다. 봉기에 가담한 자와 그렇지 않은 자의 구분은 없었다.
영국군은 닥치는 대로 사람들을 죽이고 모든 것을 불태웠다. 수천 명
의 인도인이 희생되었고 귀중한 문화재들이 불 속으로 사라졌다.

영국군을 이끈 한 장교는 세포이는 단 한 명도 살려 두지 않겠다고
외쳤다. 그의 군사들은 갠지스 평원의 알라하바드에서 세포이와 민간
인 수천 명을 죽였다. 아무 죄가 없는 어린아이와 여성도 포함되어 있
었다. 이들 가운데 수백 명은 가로수에 목을 매달았다.

칸푸르에서도 민간인 학살이 이어졌다. 포로로 잡은 힌두교도와
무슬림 세포이에게는 소와 돼지의 피를 강제로 먹였고, 영국 여성과

아이의 피가 묻은 바닥과 벽을 혀로 핥게 했다. 종교적인 금기를 어기게 해 죽은 뒤에도 신의 나라에 들어가지 못하도록 하는 처절한 복수였다.

영국령 인도 제국이 되다

세포이 봉기를 진압한 영국은 혹시 모를 또 다른 저항의 불씨를 철저하게 차단했다. 무굴 제국의 황제인 바하두르 샤 2세는 반란의 우두머리로 지목되어 버마(지금의 미얀마)로 쫓겨났다. 그는 허름한 목조 주택에서 말년을 보내다가 87세를 일기로 생을 마감했다.

영국은 봉기의 주요 원인이 되었다고 판단해 인도 사회에 대한 개혁 정책도 포기했다. 그러고는 인도에 다양한 세력을 이간질해 서로 반목하게 하고, 결국에는 하나로 힘을 합치는 것을 막기 위해 '분리 통치 정책'을 실시했다. 종교와 카스트 사이의 갈등을 부추기는 것이 대표적인 방법이었다.

인도의 종교에도 관여하지 않겠다고 선언했다. 하지만 힌두교도나 무슬림을 위한 정책을 내놓으면서 이들의 잠재적인 갈등을 적극적으로 이끌어 냈다. 예를 들어 이슬람 세력이 힌두교도를 죽이고, 힌두 신상과 사원을 파괴했으며, 개종과 결혼을 강요했다고 왜곡, 과장했다.

군대도 개편했다. 봉기에 적극적으로 가담한 힌두교도와 무슬림의 수를 크게 줄이고 이들과 갈등하던 시크교도를 대대적으로 육성했다. 토후국*에 대한 강제 병합 정책도 포기하고, 봉기 진압에 큰 역할을 했던 나라를 독립국으로 인정하면서 내부적으로도 더욱 튼튼한 통치

기반을 다졌다.

가장 큰 변화는 1858년 영국령 인도 제국을 만든 것이다. 즉 동인도 회사를 폐지하고, 영국 정부가 인도를 직접 지배하기 시작했다. 영국은 세포이의 항쟁을 진압하는 데 쓴 5000만 파운드라는 천문학적인 비용은 인도인의 빚으로 떠넘겼다. 이로써 영국은 제국의 전성기를 화려하게 누렸으나 인도는 더욱 빈곤해졌다.

◉ 새포이 봉기의 영웅, 락슈미 바이

인도의 여성은 사회적 약자였으나 영국의 침략이 거세어지자 인도인의 일원으로 영국군과 당당하게 맞섰다. 그중에서 가장 널리 알려진 인물이 인도 북부에 자리 잡은 작은 나라였던 잔시 왕국의 락슈미 바이이다.

락슈미 바이는 왕실의 양녀였는데, 1853년에 남편인 왕이 자식 없이 죽자, 영국은 후계자가 없다는 이유로 잔시 왕국을 차지해 버렸다. 그녀는 이러한 영국의 조치를 비난하며, 스스로 여왕이라 칭하면서 백성들의 지지를 얻었다.

그러던 중 세포이 봉기가 일어나자 저항군의 지도자가 되었다.

● **토후국** | 각 지역의 토착 세력이 통치하는 나라를 말한다. 인도 아대륙에는 언제나 수많은 나라가 존재했는데, 인도 역사상 가장 넓은 땅을 차지한 무굴 제국이 멸망할 때에도 인도 아대륙에는 500개가 넘는 토후국이 있었다.

그녀는 전투에 참가할 때마다 남자처럼 꾸미고, 맨 앞에 서서 영국군과 전투를 벌였다. 영국군이 잔시를 점령한 이후에도 여러 지역을 떠돌면서 싸움을 이어 갔다. 그 활약이 얼마나 대단했는지 영국군도 그녀의 존재를 알았다. 그러나 1858년 6월, 괄리오르에서 영국군과 싸우다가 총탄에 맞아 20대 초반의 나이로 죽었다. 이후 락슈미 바이는 인도를 대표하는 여성으로, 아니 인도를 대표하는 인물로 역사에 남았다.

락슈미 바이(1835~1858) 인도의 여성들은 차별을 받으면서도 인도를 위해 목숨을 바치는 것을 두려워하지 않았다. 세포이 봉기에 참여했던 그녀 역시 그런 인도 여성 중에 한 명이었다.

무굴 제국은 왜 멸망했을까?

무굴 제국의 가장 핵심적인 멸망 원인은 서양 제국주의 세력의 침략이었다. 하지만 내부적인 이유도 있는데, 상당수의 사람들이 아우랑제브의 종교 정책을 지적한다. 그 주장을 간단히 정리하면 다음과 같다.

"이전 황제들은 힌두 등 인도의 토착 세력과 융합했는데, 그가 이슬람교를 믿지 않는 사람들에 대한 인두세를 부활하자 곳곳에서 반발이 이어졌다."

이들의 대부분은 이점도 함께 지적한다.

"마라타 동맹과의 전쟁이 제국의 자원을 고갈시켰고, 데칸 지역의 융성한 무역과 산업을 황폐화했다."

더불어 군사력의 약화를 꼽는 사람들도 적지 않다.

"무굴 제국은 현직 관리에게 급여와 세금 징수권을 주어 군사력을 유지하게 했는데, 세금 징수권이 세습되면서 중앙 정부의 군사력이 타격을 받았다."

해군력이 존재하지 않았던 사실도 항상 지적되는 내용이다. 최근에는 다른 곳에서 원인을 찾는 의견도 있다.

"17세기 말부터 토지의 산성화로 생산력이 뚜렷하게 줄어들었다."

아우랑제브(1618~1707) 1659년 아버지 샤 자한을 유폐시키고 황제가 되었다. 독실한 이슬람교 신자로 '살아 있는 성자'라고 불렸으며, 국민들에게 엄격한 종교 생활을 강요하였다. 남쪽의 마라타 족을 평정하지 못하고 그가 죽자 무굴 제국은 급속히 쇠퇴하였다.

"무굴 제국은 농업 생산력이 줄어드는 상황에서도 이를 극복하기 위한 새로운 농업 기술을 개발하는 데 소홀했다."

또 다른 주장도 있다.

"무굴 제국의 막대한 부가 궁궐과 같은 황제의 권위를 과시하는 건축물을 짓는 데 낭비되었고, 관리 역시 부정부패에 물들어 있었다."

특히 관리의 파벌 싸움에 무게를 두는 사람도 있다.

"매관매직으로 관리가 된 사람은 농민을 심하게 수탈했다. 한 땅에서 여러 명의 관리가 세금을 거두는 경우도 적지 않았다."

바드샤이 모스크 무굴 제국의 황제 아우랑제브가 라호르에 세운 사원이다. 5만 명 정도를 수용할 정도로 그 규모가 매우 크다. 이 건축물을 짓는 데 막대한 노동력과 비용이 들었다.

최근에는 근본적인 원인을 후진적인 의식과 사회 변혁 실패에서 찾는 주장에 무게가 실리고 있다.

"귀족에 맞서는 새로운 세력이 만들어지지 못했고, 그 결과 국민 국가와 같은 새로운 체제 건설에 무관심했다."

그러나 어떤 하나의 주장이 맞다기보다는 여러 가지 원인이 복합적으로 작용했고, 여기에 과학기술의 후퇴, 해양 산업의 취약 등이 더해졌기 때문이라고 보는 것이 타당하겠다.

6장

독립을 위한 투쟁

1858년 영국은 영국령 인도 제국을 만들어 인도에 대한 식민 지배를 공식화했다. 이후 영국은 인도인들을 중간 관리로 키우고, 종교적 대립을 부추기면서 더 많은 이익을 얻었다. 이에 인도의 종교 지도자와 지식인들이 국민회의, 무슬림 연맹을 결성해 민족운동을 벌였는데, 특히 간디는 시민 불복종운동과 비협조 운동을 이끌어 반영 운동을 대중 운동으로 발전시켰다. 다른 한편에서는 보스가 무장 독립 전쟁을, 암베드카르가 불가촉천민에 대한 차별 철폐 운동을 전개했다. 이 과정에서 힌두교도와 이슬람교도의 갈등과 독립운동에 대한 입장 차이가 드러나기도 했으나, 끈질기게 이어진 민족운동은 인도인에게 독립이라는 소중한 열매를 가져다주었다.

1885년	인도 국민회의 창립
1905년	벵골 분할 반대 운동, 자치 운동
1906년	무슬림 연맹 창설
1914년	제1차 세계대전 발발
1919년	로울라트 법 통과, 암리차르 학살, 간디 1차 불복종운동
1927년	암베드카르 차우다르 저수지 투쟁
1929년	완전 자치 운동, 간디 2차 불복종운동
1930년	네루, 완전 독립운동 선언
1935년	인도 통치법 개정
1939년	제2차 세계대전 발발
1940년	진나, 파키스탄 선언
1942년	인도 철수 운동, 보스 인도 국민군 사령관 취임
1946년	영국 독립 사절단 파견
1947년	인도와 파키스탄 임시 정부 수립

1918년   제1차 세계대전 종식
         미국의 윌슨 대통령,
         14개조 평화 원칙 발표

1929년   경제 공황 발생

1947년   트루먼 독트린·마셜 계획 발표

1917년   러시아 혁명

1911년   신해혁명

1921년   중국, 공산당 창당

1904년   러일전쟁 발발

1941년   일본, 하와이 진주만
         기습 공격
         (태평양전쟁 발발)

1910년   멕시코 혁명(~1917)

1914년   사라예보 사건,
         제1차 세계대전 발발

1894년   동학 농민 운동, 갑오개혁

1897년   대한제국 성립

1919년   3·1운동, 대한민국 임시정부 수립

1919년   베르사유 조약, 독일 바이마르 공화국 성립

반영(反英) 민족운동을 벌이다

국민회의, 닻을 올리다

세포이 봉기를 진압한 영국은 인도에 대한 식민 지배를 공식화했다. 영국의 빅토리아 여왕은 인도에 총독을 보내면서 인도의 권리, 제도, 관습 등을 존중하고, 새로운 땅을 빼앗거나 종교를 강요하지 않을 것이며, 인종이나 종교에 관계없이 능력 있는 인도인을 관리로 선발하겠다고 발표했다.

하지만 인도 민중의 생활은 이전보다 훨씬 힘들어졌다. 영국인들이 이들을 노예처럼 부리고, 토지와 지하자원을 마구 빼앗는 등 경제적 착취가 극심해졌기 때문이다. 생계가 막연한 농민이 늘어났고, 공장에서 만들어진 값싼 영국 상품들이 밀려오면서 수공업자와 상인 들도 대부분 몰락했다.

또한 연이은 흉년에 해마다 수백만 명이 굶주림에 지쳐 쓰러졌다.

국민회의 창립 인도의 지식인들은 영국의 인도 지배를 받아들이고 중간 계층의 역할을 담당했다. 그러나 인도인에 대한 차별이 계속되자 1885년에 인도인의 정치기구인 국민회의를 결성했다.

건디다 못한 농민, 수공업자, 상인 들이 곳곳에서 들고 일어났으나, 영국은 대책을 세우기는커녕 총칼로 무장한 군인들을 앞세워 이들을 무자비하게 진압했다. 인도인들도 여왕의 백성이었으나 보호 대상은 아니었던 것이다.

하지만 영국으로서는 인도를 안정적으로 지배하려면 인도인의 도움이 필요했다. 이에 영어를 배운 인도 지식인들을 관리로 채용했다. 그러나 높은 자리는 영국인이 독차지했고 인도인에게는 그 아래 자리가 주어졌다. 변호사, 판사 등이 된 인도인들은 극소수에 불과했는데, 이들 역시 영국인과 동등한 권한을 갖지 못했다.

저항은 지식인들로부터 시작되었다. 인도인을 대표하는 정치기구를 만들고자 한 것이다. 뜻밖에 영국도 반대하지 않았다. 이를 방패막

이로 활용하면, 인도인의 저항을 약화시킬 수 있을 것이라 생각했기 때문이다. 적어도 세포이 봉기와 같은 사태가 또다시 일어나지는 않을 것이라 확신했다.

드디어 1885년, 뭄바이의 한 대학에서 국민회의가 결성되었다. 그런데 인도인을 대표하는 기구라고 하기에는 문제가 있었다. 다양한 종교와 계층을 참여시킨다는 당초 계획과 달리, 72명의 참석자 가운데 3/4 이상이 힌두교도였던 것이다. 그마저도 영국에 우호적인 사람들이 대부분이었다.

이에 초기 활동은 인도인 장교 선발, 관리 시험 개선, 유학생 파견 확대 등 주로 인도 지식인들과 관련된 것이 대부분이었다. 인도인의 정치적 권리 확대 등의 요구가 있었으나, 이 역시 민중의 정치 참여가 아니라 자신들의 의석을 늘려 달라는 것이었고, 그 방법 또한 결의문 채택 등 소극적인 형태였다.

반영 민족운동이 강화되다

영국의 인도인 차별이 계속되자, 국민회의의 일부 지도자들은 적극적으로 민족운동을 펼칠 것을 주장하기 시작했다. 1905년 영국이 발표한 벵골 분할령은 이들의 활동 변화에 결정적인 역할을 했다. 국민회의가 이에 대한 반대 입장을 명확하게 밝히고, 이의 철회를 요구하고 나선 것이다.

이를 계기로 국민회의에서 틸라크 등 급진파의 목소리가 높아졌다. 이들은 영국의 은혜를 기대할 것이 아니라, 영국을 압박해 인도인의

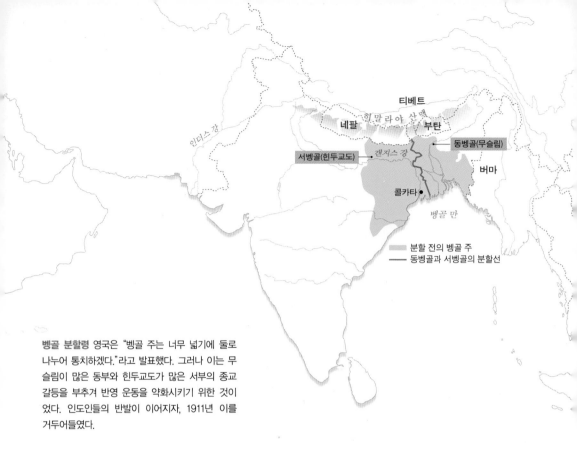

티베트
네팔
히말라야 산맥
부탄
동벵골(무슬림)
서벵골(힌두교도)
갠지스 강
버마
인더스 강
콜카타
벵골 만

■ 분할 전의 벵골 주
— 동벵골과 서벵골의 분할선

벵골 분할령 영국은 "벵골 주는 너무 넓기에 둘로 나누어 통치하겠다."라고 발표했다. 그러나 이는 무슬림이 많은 동부와 힌두교도가 많은 서부의 종교 갈등을 부추겨 반영 운동을 약화시키기 위한 것이었다. 인도인들의 반발이 이어지자, 1911년 이를 거두어들였다.

요구를 관철해야 한다고 주장했는데, 이들이 힌두 문화의 부활을 주장하면서 반영 운동을 이끌자, 많은 힌두교도가 스와데시와 스와라지° 운동에 동참했다.

하지만 국민회의의 지도자들은 하나의 목소리를 내지 못했다. 온건파와 급진파로 나뉘어 입장을 달리했다. 온건파는 영국과 대립하는 것이 달갑지 않았던 것이다. 급기야는 급진파를 몰아냈는데, 이 틈에 영

● **스와데시, 스와라지** | 힌디어로 스와데시는 '모국'이라는 뜻으로, 영국 상품 불매, 즉 국산품 애용 운동을, 스와라지는 '자치'라는 뜻으로, 인도인 스스로의 통치를 주장하는 운동을 말한다.

재판장에 선 틸라크 틸라크는 "벵골 분할을 무효화하라."라는 벵골인들의 주장을 대변한 인물로, 이를 이루기 위한 방법으로 영국 상품 불매 운동을 주창했다. 이는 영국에 대한 비폭력, 비협력 운동이라는 형태로 간디에게 계승되었다.

국이 여러 지도자를 체포·구속함으로써 국민회의가 크게 약화되었다.

무슬림도 국민회의에 참여해 대표를 맡기도 했다. 그러나 국민회의에서 무슬림은 소수였고 힌두교도는 절대 다수였다. 더욱이 국민회의의 힌두교도가 종교적 감정을 자극하면서 반영 운동을 이끌어가자 다른 이들은 이러한 운동 방식에 불만을 가질 수밖에 없었다.

더구나 영어를 적극적으로 배우고 이를 바탕으로 대거 사회에 진출한 힌두교도와 달리, 영어 교육이 자신들의 종교 전통과 문화를 위협할 것으로 생각해 이를 거부했기에 사회 진출도 미약했다. 결국 무슬림은 힌두교도의 독주가 가져올지도 모를 위협에 대비해야만 했다.

이때 영국이 이들에게 접근했다. 힌두교도와 무슬림의 싸움을 부추겨서 반영 운동을 약화시킬 의도였다. 자신들의 입장을 고려하지 않는 힌두교도들의 운동 방식에 불안을 떨쳐 버릴 수 없었던 무슬림은 어쩔 수 없이 영국과 손을 잡았다. 그 결과 1905년 무슬림의 독립 선거구가 만들어졌고, 1906년에는 벵골 동부의 다카에서 무슬림 연맹이 출범했다.

국민회의나 무슬림 연맹과 다른 방식의 민족운동을 전개한 사람들도 있었다. 영국 제국주의 세력을 몰아낼 수 있는 것은 오직 무력뿐이라고 주장하는 폭력파가 대표적이었다. 이들은 합법적인 투쟁의 한계를 지적했는데, 이후 국민회의, 무슬림 연맹과 함께 민족운동의 한 축을 담당했다.

2 완전 독립을 주장하다

간디, 시민 불복종운동을 벌이다

1914년 인도에도 제1차 세계대전의 바람이 불어왔다. 영국이 전쟁 중이기에 지금이 독립할 수 있는 절호의 기회라는 주장도 있었으나, 영국이 자신들을 도우면 인도에 자치권을 주겠다는 제안을 해 오자, 틸라크 등 국민회의의 지도자들은 영국 편에서 싸우기로 했다. 100만 명이 넘는 인도인이 동원되었는데, 이들 가운데 6만여 명이 희생되었다. 전쟁 비용도 인도가 부담했다.

영국은 인도인의 희생 덕분에 승리를 확정했다. 그러나 인도와의 약속은 지키지 않았다. 오히려 인도인에 대한 통제를 한층 더 강화했다. 1919년에는 법원의 판결 없이도 인도인을 체포·구금하고, 언론·사상·집회의 자유를 제한할 수 있다는 내용을 골자로 한 로울라트 법안을 발표했다.

이에 인도인이 파업으로 대응하자, 영국은 자신들이 만든 법을 적용했다. 암리차르에서는 축제를 즐기던 사람들에게 무자비한 총격을 가하는 일이 있었다. 10분 만에 300명이 넘는 사람이 죽음을 당했는데, 이 중에는 어린이, 여성, 노인 들도 있었다. 5명 이상이 모이는데 집회 신고를 하지 않았다는 것이 강경 진압의 이유였다.

이 무렵 국민회의의 지도자로 떠오른 간디가 불복종운동®을 시작했다. 이는 영국이 하는 일체의 통치행위에 협조하지 않는 것이었으

소금 행진 기념비 간디가 영국 정부의 소금 독점법을 의도적으로 어기면서 소금을 만든 것은 "인도인의 일은 인도인 스스로가 해 나가겠다."라는 의지의 표현이자 영국 정부에 대한 공개적인 도전이었다.

며, 이번에는 인도인이 종교를 떠나 하나가 되어 스와데시와 스와라지를 외쳤다. 이들의 외침은 전국 곳곳으로 퍼져 나갔으며 이 때문에 감옥에 갇힌 사람만 2만 명이 넘었다.

이후에도 인도인의 투쟁은 계속되었다. 그럼에도 영국이 인도인의 요구를 받아들이지 않자, 1930년 국민회의의 대표였던 네루는 영국이 인도인의 자유를 빼앗고, 인도의 정치, 경제, 문화, 정신을 파괴했으니 지금부터 인도는 자치가 아닌 완전 독립을 위해 싸우겠다고 선언했다.

그해 간디는 영국의 소금 독점에 반대하는 행진을 시작했다. 60세가 넘은 노구를 이끌고 388킬로미터를 맨발로 걸어 바다에 도착한 그는 손으로 바닷물을 떠다 햇빛에 말려 한 줌의 소금을 만들었다. 그러고는 인간에게 반드시 필요한 소금을 영국이 독점하는 것은 인도인의 생명을 빼앗는 행위라고 주장했다.

이 소식이 알려지자 인도인들은 너도 나도 바다로 나가 소금을 만들었다. 당황한 영국 정부는 이들을 마구 잡아들였다. 국민회의를 이끄는 네루와 간디도 체포됐는데, 이에 반발하는 인도인들의 시위가 전국에서 일어났다. 사망자가 103명, 투옥된 사람이 6만 명에 이르렀다.

하지만 영국 정부는 국민회의와 좋은 관계를 유지해야 식민 지배를 이어 갈 수 있음을 누구보다 잘 알고 있었다. 결국 간디와 네루를 비롯한 국민회의의 지도자들뿐만 아니라 소금 행진으로 잡아들인 인도인 대부분을 풀어 주었다. 그리고 가정용 소금이라는 조건 아래 인도인의 소금 생산을 인정했다.

다양한 차원의 운동이 발전하다

간디를 비롯한 국민회의의 힌두교도는 무슬림 연맹이 자신들과 함께 영국에 대항하기를 원했다. 이에 제1차 세계대전 후 영국과 연합군의 오스만 튀르크˙ 분할 통치를 반대하는 운동에 힘을 보탰다. 무슬림 연맹도 간디의 불복종운동에 동참하는 것으로 화답했다. 그러나 무슬림은 다수의 힌두교도가 소수인 자신들을 무시할지도 모른다는 생각

● **불복종운동** | 물리적인 방법으로 상대를 살상하지 않고 법률을 위반함으로써 행위자 자신이 불이익을 당하는 행위를 감행하여 정부의 정책을 변경시키려는 운동으로, '비협조 운동'이라고도 불린다.

● **오스만 튀르크** | 1299년 오스만 일가가 아나톨리아 반도에 세운 이슬람 제국으로, 오스만 제국이라고도 불린다. 1453년 비잔티움 제국을 멸망시키고, 수도 이스탄불을 중심으로 크게 번영했으나, 제1차 세계대전에서 패배한 후 1922년에 국민 혁명으로 터키 공화국이 수립되어 멸망했다.

을 끝내 떨쳐 버리지 못했다.

1930년 무슬림 연맹은 또다시 불붙은 간디의 불복종운동에 불참하면서 국민회의에 대한 불편한 감정을 드러냈다. 간디는 무슬림에게 다시 손을 내밀었으나 소용이 없었다. 무슬림 연맹의 불안감을 떨쳐 버릴 현실적인 대안을 내놓지 못한 채 무조건적인 화합만을 내세웠기 때문이다. 그해 12월, 무슬림 연맹의 대표 이크발은 무슬림의 자립을 위해 서북 지역에 무슬림의 주를 만들자고 주장했다.

이 무렵 펀자브, 아프간, 카슈미르, 신드의 머리글자에 '땅, 나라'를 뜻하는 '스탄'을 붙여 '파키스탄(PAKISTAN)'이라는 단어가 만들어졌다. 무슬림이 자신들의 나라를 꿈꾸게 된 것이다.

무력 투쟁을 통한 독립을 주장하는 사람들의 활동도 이어졌다. 이들은 간디의 비폭력 운동을 비판하며 영국에 대한 테러를 감행했다. 러시아 혁명의 영향으로 사회주의자의 활동도 활발했는데, 마나벤드라 나트 로이는 공산당을 결성하고, 코민테른*에도 참가했다. 이 과정에서 무력 투쟁이 힘을 얻기도 했다.

방법은 달랐으나 국민회의의 지도자를 비롯한 모든 민족운동가가 추구한 일차 목표는 영국으로부터의 독립이었다. 그런데 이들과 달리, 내부 문제에 더 큰 관심을 가진 사람도 있었다. 불가촉천민에 대한 차별을 없애는 데 앞장선 암베드카르가 대표적인 인물이었다.

그의 첫 번째 싸움은 물과 관련된 것이었다. 1927년에 자신을 따르

● 코민테른 | Communist와 International의 합성어로, 러시아 혁명을 이끈 레닌이 1919년에 창설해 1943년까지 존속한 국제 공산당 조직이다. 제3국제당 또는 제3인터내셔널이라고도 불린다.

는 1만 여명과 함께 마하드 지역의 초다르 저수지로 몰려가 불가촉천민도 인도인이므로 인도의 물을 자유롭게 사용할 권리가 있다고 주장했다. 일찍이 없었던 불가촉천민의 집단적 행동에 놀란 마하드 시는 이들의 요구를 받아들였다.

그러나 바르나를 가진 힌두교도는 불가촉천민으로 인해 저수지가 오염되었다고 떠들어 댔다. 그러고는 우유, 치즈, 소똥 등을 저수지에 뿌리면서 물을 깨끗이 하는 정화 의식을 치렀다. 이들의 위세에 눌린 마하드 시는 불가촉천민에 대한 저수지 개방 결정을 철회한다고 발표했다.

암베드카르는 또다시 집회를 열어 불가촉천민의 저수지 사용권을 주장했다. 이번에는 《마누 법전》을 불태우며 강력한 의지를 표현했다. 여기에는 베다를 읽은 불가촉천민은 혀가 잘리고, 베다를 외운 불가촉천민은 그 머리를 잘라야 한다는 내용이 담겨 있었기 때문이다.

바르나를 가진 힌두교도와 불가촉천민이 팽팽하게 맞서자, 마하드 시는 저수지 소유권을 주장하는 소송이 제기되어 법원이 판결할 때까지 어떤 결정도 할 수 없다면서 발을 뺐다. 이로써 두 세력의 싸움은 일단락되었으나, 불가촉천민들은 10년의 법정 싸움 끝에 자신들의 권리를 인정받을 수 있었다.

● 불가촉천민의 아버지, 암베드카르

인도에는 바르나가 없는 사람들이 있다. 접촉해서는 안 되는 오염된 존재로 알려진 불가촉천민이 바로 그들이다. 어부, 가축 도살업자, 청소부, 세탁부 등이 여기에 속하는데, 이들은 사람들이 더럽게 생각하는 일을 도맡으면서도 사회 구성원으로 인정받지 못하고 힘겨운 삶을 이어 왔다.

이들의 문제를 해결하기 위해 가장 먼저 나선 인물은 암베드카르였다. 그는 불가촉천민이었으나, 영국군의 세포였던 아버지 덕분에 학교에 다닐 수 있었다. 그러나 그 역시 불가촉천민의 굴레에서 벗어나지 못했다. 학교에서 화장실을 사용할 수도, 물도 자유롭게 마실 수도 없었던 것이다.

어느 날 학교 수업 시간에 암베드카르가 문제를 풀기 위해 칠판으로 다가가자, 바르나를 가진 학생들이 그에게 소리쳤다.

"칠판에 다가가지 마! 칠판 뒤에 우리 도시락이 있단 말이야!"

그가 자신들의 도시락을 더럽힐 것이라고 생각했던 것이다. 결국 그는 도시락을 다 치우고 나서야 칠판에 적힌 문제를 풀 수 있었다.

이후 그는 미국 유학을 선택했고 어려움 끝에 박사 학위를 받아서 인도로 돌아왔다. 그러나 불가촉천민에 대한 차별은 여전했다. 심지어 그와 접촉하면 더러워질 것이라고 생각한 직장 동료들이 그의 책상을 복도에 내놓기도 했다. 이에 여러 직장을 떠돌던 그는 자연스럽게 불가촉천민을 위한 투쟁에 나섰다.

그는 불가촉천민의 힌두교 사원 출입 문제에 큰 관심을 가졌다. 불가촉천민의 대다수가 힌두교도였으나, 힌두교 사원에 출입할 수 없었기 때문이다. 바르나를 가진 힌두교도는 불가촉천민이

암베드카르(1891~1956) 국민회의와 무슬림 연맹 등의 민족지도자들이 인도의 독립을 위해 싸우는 동안 암베드카르는 불가촉천민의 권리를 소리 높여 외쳤다. 이에 그는 '불가촉천민의 아버지'라는 호칭을 얻었다. 오른쪽 사진은 러크나우에 있는 암베드카르의 기념 동상이다.

사원에 들어오는 것만으로 사원이 더러워지며, 이들이 힌두교 신상을 만지는 것은 있을 수 없는 일이라고 생각했다.

라마를 모시는 축제를 준비한다는 소식을 듣자, 암베드카르는 불가촉천민들과 함께 나시크의 칼라람 사원으로 몰려갔다.

"불가촉천민도 힌두교 사원에 출입할 권리가 있다!"

이들은 거부할 수 없었던 축제 위원회는 축제일에 한해 이들의 사원 출입을 허용했다.

드디어 축제의 날에 많은 불가촉천민이 참여했다. 그러나 이들이 라마 신을 모신 꽃마차에 손을 대려 하자 바르나를 가진 힌두교도가 막아섰다.

"더러운 불가촉천민 주제에 감히 신에게 손을 뻗쳐!"

그러고는 몽둥이로 두들겨 패기 시작했다.

이후 불가촉천민들은 1년 내내 칼라람 사원으로 몰려갔으나, 굳게 닫힌 문은 끝내 열리지 않았다. 이 무렵 간디가 이들에게 힘을 실어 주었다.

"불가촉천민 제도가 살면, 힌두교가 죽는다."

결국 남부의 한 사원을 시작으로 힌두교 사원들이 이들에게 문을 개방했다. 불가촉천민의 참배를 허용한 것이다.

3 | 독립을 달성하다

영국의 식민 지배에서 벗어나다

인도인들의 독립운동이 갈수록 거세지자, 1935년 영국은 이를 누그러 뜨리기 위해 새로운 인도통치법을 발표했다. 핵심 내용은 연방제 헌법을 만들고, 지방정부를 책임질 권한을 인도인에게 내준다는 것이었다. 여전히 영국이 인도를 지배했으나 이러한 변화는 인도인들의 투쟁에 의한 성과였다.

인도통치법은 일정 이상의 재산을 갖추어야 하는 조건에 따라, 인도 성인 남녀의 1/6에게만 선거권이 주어졌다. 1937년 이 법에 따라 지방의회 선거가 치러졌는데, 전체 11개 가운데 7개 주에서 국민회의가 승리했다. 이때 무슬림 연맹이 국민회의와의 연립정부 구성을 제안했으나 국민회의는 이를 거부했다. 이로써 국민회의는 민족운동을 대표하는 명실상부한 조직이 되었다.

그런데 1939년 제2차 세계대전이 일어났다. 영국 정부는 인도인들과 아무런 의논 없이 인도가 대영제국의 일환으로 전쟁에 참여할 것이라고 발표했다. 그리고 나서 또다시 많은 인도인을 강제로 동원했다. 이에 대부분의 지방정부를 장악하고 있던 국민회의가 나섰다. 영국의 일방적인 참전 결정 반대를 명확히 하고, 내각 총사퇴를 결의한 것이다.

그런데 이를 세력 만회의 기회로 여긴 무슬림은 힌두교도와의 입장 차이를 드러냈다. 무슬림 연맹의 진나가 국민회의의 내각 총사퇴를 환영하면서 무슬림 구원의 날을 선포한 것이다. 이 틈에 영국은 인도가 영국을 돕는다면, 전쟁이 끝난 후에 인도 연방에 완전한 자치권을 주고, 그 연방에 참여할지 여부에 대한 선택권을 주와 토후국에 주겠다고 제안했다. 그러나 국민회의는 자치가 아니라 독립을 원하니, 영국은 인도에서 즉시 물러가라며 이를 완강히 거부했다.

영국은 시간이 갈수록 더 많은 인도인을 동원했다. 전쟁이 한창일 때에는 250만 명에 달했는데, 유럽에서 독일, 이탈리아군과 격돌해 큰 전과를 올렸다. 인도와 버마의 접경 지역에서 일본군을 물리친 동남아시아 연합군 100만 명 가운데 70만 명이 인도인이었다. 영국은 인도인의 도움으로 또다시 승전국이 되었다.

그러나 제1차 세계대전 때와는 상황이 달랐다. 1943년 영국이 싱가포르에 배치한 4만 3000명의 인도 병사가 일본군에 항복했는데, 이들 중 일부가 보스의 인도 독립군에 합류한 것이다. 이들은 일본군과 손잡고 영국군을 공격했다. 아군이 적군이 된 것이다.

엄청난 전쟁 비용도 문제였다. 이번에는 영국이 인도인의 전쟁 비용을 대기로 했는데, 인도가 먼저 부담한 후에 영국이 갚는 형식이었다. 1939년에 6500만 달러였으나 1945년에는 4억 8000만 달러, 전쟁이 끝난 후에는 총 18억 달러에 달했다. 영국이 갚기에는 너무나 큰 액수였다.

무엇보다 인도인 관리 비율이 높아져 영국의 통치력이 약화되었다. 군인, 경찰 등도 다를 바가 없었다. 1946년에는 인도 군인들이 반란을 일으켜 뭄바이를 장악했다. 여기에 민중의 반발이 더해져 더는 충분한 협력자를 동원할 수 없었던 영국은 인도를 독립시킬 수밖에 없었다.

새로운 나라 건설에 어려움을 겪다

인도인들은 꿈에 부풀어 새로운 나라를 세우기 위해 여념이 없었는데, 그 과정은 순탄치 않았다. 가장 큰 문제는 힌두교도와 무슬림의 입장 차이였다. 무슬림 연맹의 진나는 힌두교도와 무슬림은 결혼은 물론, 함께 식사조차 하지 않는다고 지적했다. 그리고 서로 다른 신화와 영웅을 가지고 있는데, 때때로 한쪽의 영웅은 다른 쪽의 원수이며, 한쪽의 승리는 다른 쪽의 패배가 된다고 강조했다. 힌두교도와 무슬림이 하나가 될 수 없음을 역설한 것이다.

인도의 독립이 다가오던 1945년에도 진나는 무슬림과 힌두인이 각각의 제헌의회를 만들어야 한다고 주장했다. 그러나 국민회의의 네루는 인도인은 종교가 무엇이든 모두가 하나이니, 독립 인도는 하나의 헌법 아래 묶인 하나의 국가여야 한다면서 이에 반대했다.

진나(1876~1948) 무슬림 연맹의 진나는 국민회의에서 힌두교도와 함께 일했으나, 1937년 국민회의가 무슬림 연맹과의 연립 정부 수립을 거부하자, 힌두교도와 거리를 두었다. 1940년 이후에는 "무슬림만의 나라를 세워야 한다."라고 주장했고 결국 1947년 파키스탄의 독립을 실현하여 초대 총독이 되었다.

　1946년, 인도의 독립 절차를 논의하기 위해 영국 사절단이 도착했다. 이들은 인도의 독립과 권력 이양을 약속했는데, 새롭게 만들어질 국가의 정부 형태를 연방제로 제안했다. 국민회의와 무슬림 연맹은 독립과 권력 이양에는 의견을 같이했으나, 새로이 건설한 나라의 모습에는 합의점을 찾지 못했다.

　다수의 힌두교도는 자신들 중심의 나라를 만들고자 했으나, 소수였던 무슬림은 자신들이 보호받지 못할 가능성이 있는 나라를 만들 수 없었던 것이다. 이런 상황에서 힌두교도는 영국은 물러가라고 목소리를 높였고, 이를 보고만 있을 수 없었던 무슬림은 영국은 물러가기 전

라호르●

인더스 강

히말라야 산맥

서파키스탄
(파키스탄)

갠지스 강

← 동파키스탄
　（방글라데시）

콜카타

아라비아 해

인 도

벵골 만

뭄바이●

종교 피난민의 이동
→ 이슬람교도 피난민
→ 힌두교도 피난민

두 나라로의 분리 독립 인도는 식민 지배에서
벗어났으나, 독립운동 과정에서의 갈등을 극복
하지 못해 힌두교가 우세한 인도와 이슬람 국가
인 파키스탄으로 나누어졌다.

스리랑카

에 무슬림의 정치적 권리를 보장하라고 주장했다.

　이러한 여러 세력의 다툼 속에서 국민회의의 네루와 무슬림 연맹의
진나, 그리고 시크교의 대표 발데브 싱이 하나의 나라를 만들기 위해
만났다. 그러나 아무런 결실을 거두지 못했다. 결국 1947년 6월 국민
회의와 무슬림 연맹은 인도와 파키스탄을 세우기 위한 각각의 임시
정부를 만들기에 이르렀다.

　이 과정에서 힌두교도와 무슬림 사이에 충돌이 발생했다. 한 마을
에서 형제처럼 어울려 살던 사람들이 서로를 공격하기 시작한 것이

다. 콜카타 인근에서만 3일 동안 6000여 명이 죽었는데, 갈수록 상황이 심각해졌다. 벵골, 비하르, 우타르프라데시 주 등에서는 처참한 살육과 파괴가 몇 개월 동안 이어졌다.

○ 무장 독립 투쟁가, 보스

보스(Bose)는 1897년 법률가 집안에서 태어났다. 어릴 때부터 비베카난다의 글을 즐겨 읽었는데, 이를 통해 자신보다는 다른 사람들을 생각하는 삶의 가치를 배웠다. 그래서일까? 영국에서 유학을 마친 후 공무원이 된 그는 편안한 생활을 뿌리치고, 독립운동이라는 힘겨운 길을 선택했다. 독립운동가가 된 그는 국민회의에서 일했는데, 1938년에는 대표를 맡았다. 이때부터 남다른 주장을 펼쳤다.

"인도에 필요한 것은 비폭력 투쟁이 아니라 근대적인 무기이다."

간디 등이 이를 받아들이지 않자, 소리를 높였다.

"인도가 간디의 비폭력 투쟁으로 독립을 이루면, 독립 인도는 강대국의 먹이가 될 것이다."

그러고는 대표직에서 물러났다. 이후 그는 국민회의와 결별하고 무장투쟁의 길을 걸었는데, 결정적인 계기는 제2차 세계대전이었다. 국민회의는 영국에 즉각 물러갈 것을 외치는 데 그쳤으나, 보스는 강하게 주장했다.

"이 틈에 영국을 공격해 스스로 독립해야 한다."

보스(1897~1945) 민족주의자들이 인도에서 영국에 대항해 비폭력 투쟁을 벌이고 있을 때, 보스는 녹일과 일본을 떠돌며 "독립은 영국이 주는 것이 아니라, 우리 힘으로 쟁취하는 것이다."라고 주장하면서 무장 독립 투쟁에 온 힘을 쏟았다.

영국이 그를 가두었으나 영국과 상대국인 독일로 탈출한 그는 1941년 인도인 포로들을 모아 독립 인도군을 결성해 독일군과 함께 인도로 진격하고자 했다. 그러나 상황이 여의치 않자 또 다른 무장 독립 단체인 인도 국민군과 임시정부가 있는 싱가포르로 이동해 이를 이끌었다.

1943년에는 또 다른 영국의 전쟁 상대인 일본군과 함께 버마의 양곤을 점령하고 인도 북동부까지 진격했다. 처음에는 인도 국민군의 기세가 드높았지만, 패배가 이어지자 보스의 진군도 여기서 끝이 났다. 그러나 그가 남긴 선서에는 독립을 향한 그의 굳은 의지가 담겨 있다.

신의 이름으로

인도의 자유와 3억 8000만 나의 동포들의 자유를 위해

나 보스는 자유를 위한 신성한 전쟁을

내 숨이 끊어지는 날까지 계속할 것을 맹세합니다.

나는 언제나 인도에 봉사할 것이며,

인도가 독립한 후에도

나는 인도의 자유를 위해

나의 마지막 피 한 방울까지도 기꺼이 흘릴 것입니다.

위대한 영혼, '간디'

　인도인들이 '위대한 영혼'이라 부르는 간디는 1869년 서부 구자라트 주의 평범한 힌두교 가정에서 태어났다. 행정가였던 아버지 덕분에 18세에 영국 유학을 갔는데, 3년여의 공부 끝에 변호사가 되어 인도로 돌아왔다. 당시 인도 엘리트들이 걸어간 길을 그대로 밟은 것이다.

　그러던 중 1893년에 인생의 전환점을 맞이했다. 남아프리카공화국에서 사업을 하던 인도 상인의 소송을 맡아 그곳에 갔다가, 인도의 노동자들이 유색 인종이라는 이유로 극심하게 차별받는 모습을 본 것이다. 그 역시 1등칸의 기차표를 가지고 있었으나, 백인들에게 쫓겨나는 모욕을 당하기도 했다.

　그곳 인도 노동자는 교육을 받지 못한 사람들로, 노예 해방 이전 흑인 노예와 다를 바 없는 대우를 받았다. 이에 간디는 자신들을 도와달라는 그들의 요구를 거절할 수 없었다. 결국 그는 남아프리카공화국에서 그들의 대변자이자 교육자로, 인종 차별에 대항하는 투쟁가로 20년의 세월을 보냈다.

　그가 인도로 다시 돌아온 것은 1915년이었다. 당시 국민회의와 무슬림 연맹 등이 반영 운동을 이끌었는데, 이들의 주된 관심은 식민 정부에 인도인이 포함되고 이들을 인도인이 뽑도록 하는 등 인도인의 권리 획득 또는 자치에 있었다. 간디가 보기에는 민중의 요구와는 거리가 있는 것이었다.

　그는 농민들의 소작료를 내리는 등

인도 지폐의 주인공, 간디(1869~1948) '마하트마', 즉 '위대한 영혼'이라는 수식어가 이름 앞에 따라다니는 간디는 인도의 독립운동을 대표하는 인물이다. 그래서일까? 그의 생일인 10월 2일은 국경일이고, 그는 인도의 모든 지폐에 주인공이다.

민중의 구체적인 어려움을 줄이기 위해 노력했다. 그 방법도 행진하기, 하던 일 멈추기 등 사람들이 쉽게 따라할 수 있는 것이었다. 무엇보다 그는 영국인과 다를 바 없이 사는 지도자들과 달리, 민중과 같은 옷을 입고, 그들처럼 소박한 삶을 살았다. 그는 특별한 믿음을 실천했다.

"파괴적인 폭력보다 비폭력의 힘이 더욱 크다. 비폭력은 인류의 영원한 법이며, 인간의 본성인 사랑으로 해결하지 못할 일은 없다. 그리고 인도의 지도자들 역시 영국인처럼 민중을 차별하고 있으니, 이를 고쳐야 한다."

실제로 그가 등장하기 이전 인도의 민족운동은 지식인들의 몫이었다. 그러나 그가 하층민의 마음을 파고들자, 노동자와 농민을 비롯한 민중이 이들과 함께하면서 진정한 대중운동으로 발전해 갔다. 그 결과 인도는 독립이라는 목표를 향해 한 걸음 더 가까이 다가갈 수 있었다.

7장

독립 이후 새로운 국가 건설

인도는 영국의 식민 지배에서 벗어났으나 독립 운동 과정에서 종교 갈등을 극복하지 못하고 인도와 파키스탄으로 분리 독립했다. 독립 후 인도는 의회주의, 세속주의, 사회주의적민주주의를 내세워 다양한 인종·종교·계층의 진정한 통합을 위해 노력했으나, 천의 얼굴이라고 불리는 다양함으로 인해 하나의 인도를 만드는 데 어려움을 겪었다. 이후 정치적으로 의회민주주의의 발전과 함께 비동맹 외교를 주창해 제3세계의 중심 국가로 이름을 떨쳤고, 경제적으로는 수차례의 경제개발 5개년 계획과 농촌 개혁 운동이 나름의 성과를 거두었다. 하지만 정치 갈등 해소, 자립 경제, 특히 빈곤층인 불가촉천민과 대다수 농민의 굶주림을 해결해야 하는 과제가 여전히 남아 있다.

1947년	인도, 파키스탄 분리 독립, 인도-파키스탄 1차 전쟁
1948년	마하트마 간디 사망, 스리랑카 분리 독립
1951년	인도연방공화국 건국, 네루 총리 취임, 경제개발 5개년 계획 시작
1952년	1차 총선거, 국민회의 집권
1964년	네루 사망, 샤스뜨리 총리 취임
1965년	인도 파키스탄과 2차 전쟁
1966년	인디라 간디 총리 취임
1967년	녹색혁명 시작
1971년	인도-파키스탄 3차 전쟁, 동파키스탄 방글라데시로 독립
1977년	국민당 집권, 데사이 총리 취임
1980년	국민회의 집권, 인디라 간디 수상 재취임
1984년	인디라 간디 사망, 라지브 간디 총리 취임

1947년	트루먼 독트린
1963년	워싱턴 행진, 케네디 대통령 암살
1965년	베트남 파병
1973년	베트남에서 철수, OPEC의 미국에 대한 석유 수출 금지 조치

1949년   중화인민공화국 수립

1980년   이란·이라크 전쟁

1956년   일본, 유엔 가입
1960년   미·일 안보 조약 체결

1959년   쿠바 혁명
1962년   쿠바 봉쇄

1979년   소련, 아프가니스탄 침공

1948년   대한민국 정부 수립
1950년   한국전쟁 발발
1972년   7·4 남북 공동성명 10월 유신
1980년   5·18 광주민주화운동

1962년   알제리 독립

1 인도, 두 나라로 분리 독립하다

인도연방공화국이 탄생하다

1947년 8월 14일 밤, 네루가 국회 의사당에서 역사적인 연설을 시작했다.

"시계가 자정을 알리면 세계는 잠들어 있지만, 인도는 생명과 자유를 깨울 것입니다. 한 시대가 끝나면서 이제 낡은 것으로부터 새로운 것으로 나아가고, 그동안 억눌렸던 국가의 영혼이 목소리를 찾는, 역사에서 흔치 않은 그 순간이 마침내 오는 것입니다."

이어 간디를 칭송함과 동시에 독립국가인 파키스탄의 탄생을 축하하고, 독립을 외치다 희생된 영령들을 위한 묵념을 한 후에 인도와 인도 국민을 위해 목숨을 바치겠노라 다짐했다.

연설이 끝나자 8월 15일을 알리는 시계의 종소리가 울렸다. 이때 델리 북쪽에 있던 옛 무굴 제국의 왕궁 탑에는 인도를 상징하는 삼색

인도연방공화국의 탄생 1947년 8월 15일 인도의 초대 총리 네루가 독립을 선언하며 인도연방공화국의 탄생을 알렸다. 오른쪽 사진은 이를 보도한 신문이다. 인도를 상징하는 삼색기는 1947년 제정되었으며 주황색은 용기와 헌신을, 흰색은 진리와 평화를, 초록색은 믿음과 번영을 의미한다. 파란색 법륜은 아소카왕 사자상에 새겨진 것에서 유래되었다.

기가 높이 올라갔다. 이 감격적인 순간을 보기 위해 어둠을 헤치고 모여든 수십만 명의 인도인들은 목이 터져라 "인도 만세!"를 외쳤다.

독립 인도는 주권이 국민에게 있는 민주공화국으로, 의회주의, 세속주의●, 사회주의적민주주의● 등을 주요 국가 이념으로 내세웠다. 1950년에 헌법이 만들어져 시행된 결과, 1951년에는 1억 7300만 명의 유권자를 가진 세계 최대의 민주주의 국가가 탄생했다.

헌법 제1조에는 인도가 여러 주의 연방임을 규정하고 있다. 다양한

● **세속주의** | 종교 선택의 자유를 보장하고 정치기구나 관습 등을 특정 종교로부터 분리하는 것을 말한다.
● **사회주의민주주의** | 사회적 집단의 존재와 이익을 옹호하면서 개인의 자유와 활동을 균형 있게 보장하는 민주주의를 말한다.

인종, 종교, 언어 등을 포괄하기 위해서는 연방제가 적합하다는 네루의 생각이 담긴 것이었다. 하지만 국방, 외교, 화폐, 철도 등은 중앙정부가 통제할 수 있도록 했다.

정부 형태는 대통령을 국가원수로 하는 의원내각제이다. 대통령은 의회의 선거로 선출되는데, 국가 비상사태 선포 등의 권한을 가지고 있으나, 정부의 권고에 따라 행동할 뿐, 독자적인 권력을 행사하는 경우는 거의 없다. 정부의 실질적인 책임자는 총리로, 내각은 의회의 의원들로 구성된다.

의회는 양원제이다. 하원은 인민원이라고 불리는데, 545명으로 구성되어 있다. 임기는 5년으로 18세 이상 국민의 선거로 선출된다. 상원은 왕후원이라고 불리며 250명으로 이루어져 있다. 상원 의원 12명은 대통령이 임명하고, 나머지는 각 주와 연방직할지 의회에서 선출된다. 주지사는 중앙정부 총리의 추천을 받아 대통령이 임명하며 이들이 주의 총리를 지명한다. 마을마다 지역 주민의 선거로 뽑힌 의원들로 구성된 촌락 평의회가 있는데, 이곳에서 촌락 내의 모든 사안을 결정한다. 중앙과 각 주에는 법원이 있는데, 이는 정부와 국회로부터 독립된 기관이다.

결국 인도연방공화국은 행정, 입법, 사법의 분립을 보장하고 있음은 물론, 중앙정부에서 촌락에 이르는 모든 권력 기구를 선거라는 민주적인 절차에 따라 구성하고 있는 것이다. 이로써 민주주의 국가의 형식적인 틀이 완성되었는데, 초대 대통령은 프라사드가, 총리는 네루가 맡았다.

◉ 간디, 끝까지 하나의 인도를 외치다

1947년 8월 15일, 간디는 인도 독립을 축하하는 기념식에 모습을 드러내지 않았다. 오히려 그날 24시간 단식을 했다. 통일 국가 건설에 실패하고 여러 나라로 분리 독립하는 것이 달갑지 않았던 것이다. 게다가 콜카타에서 힌두교도와 무슬림이 서로 죽

간디 간디는 분리 독립 이후에도 하나의 인도를 외쳤으나, 힌두교 우익 청년의 총탄에 스러져 79세로 생을 마감했다. 그의 무덤은 '라지 가트'라고 불리는데, 라지는 '왕', 가트는 '사원, 무덤'이라는 뜻이다. 사진은 소박한 그의 유품과 라지 가트에 있는 그의 기념 동상이다.

고 죽이는 싸움을 벌였기에 그 현장에서 발을 돌리지 못했다.

1947년 10월, 카슈미르 지역을 놓고 인도와 파키스탄이 전쟁을 벌이자, 드디어 간디가 나섰다.

"모든 종교 집단이 진심으로 화해할 때까지 단식하겠다."

그의 정치적 영향력을 의식한 국민회의가 한 걸음 물러섰다. 지난날 무슬림이 살던 지역에서 마음 놓고 살 수 있도록 하고, 힌두교와 시크교가 차지한 이슬람 사원을 돌려줄 것이며, 파키스탄으로 떠난 무슬림이 인도로 돌아오는 것에 반대하지 않는다고 선언했다.

간디는 단식을 중단했으나 여기서 만족하지 않고, 국민회의를 향해 비판의 화살을 날렸다.

"국민회의가 봉사의 정신을 잃어버리고, 권력을 누리려 하고 있다. 백성들은 식량이 없어서 굶주리는데 만찬을 열어 흥청망청 즐기고 있다."

그리고 더욱 목소리를 높였다.

"국민회의가 목표로 했던 독립을 이루었으니, 이제 국민회의는 해체해야 한다."

그의 욕심의 지나쳤던 것일까? 1948년 1월 30일, 간디는 세 발의 총소리와 함께 뉴델리의 거리에 쓰러졌다. 그에게 불만을 가진 힌두교 청년이 총을 겨눈 것이다. 이때 국민회의의 파텔 등이 곁에 있었으나, 간디를 병원이 아닌 집으로 옮기는 데 만족했다. 몇 분 후 간디는 숨을 거두었다.

인도연방공화국, 통합에 어려움을 겪다

인도는 언어를 기준으로 전국을 주 단위로 나누었다. 하지만 각 지역의 모든 언어를 고려할 수는 없었다. 그렇게 하기에는 너무 다양한 언어가 존재했고, 가능한 일이라 해도 국민 통합에 걸림돌이 될 것이라 생각했다. 이에 1950년대 들어 자신들의 언어가 무시당한다고 생각하는 사람들이 곳곳에서 불만을 표시했다.

남부, 특히 텔루구어를 쓰는 안드라 지역의 거센 반발에 중앙정부가 물러섰다. 그 결과 안드라프라데시 주가 새롭게 만들어졌다. 얼마 후에는 칸나다어를 쓰는 카르나타카 주와 말라얄람어를 쓰는 케랄라 주, 그리고 타밀어를 쓰는 타밀나두 주가 차례로 만들어졌다.

1960년대에는 서부가 마라티어를 쓰는 마하라슈트라 주와 구자라트어를 쓰는 구자라트 주로, 북부 펀자브 지역은 힌디어의 하리아나 주와 펀자브어의 펀자브 주로 나누어졌다. 이 과정에서 언어를 중심으로 한 민족성이 강화되었으나, 한편으로 하나의 인도인이라는 소속감은 약화되었다.

통합에 또 다른 걸림돌은 토후국이었다. 독립할 당시 영국의 직접 지배를 받지 않던 나라가 562개나 되었는데, 인도는 이 토후국들을 통합하는 데 적극 나섰다. 내무장관 파텔의 눈부신 활약으로 대부분 인도 연방의 일원이 되었으나, 하이데라바드, 주나가드, 카슈미르는 제외되었다. 이들 가운데 하이데라바드와 주나가드는 주민 대다수가 힌두교도였으나 군주는 무슬림이었다. 주민들은 인도를 원했지만 무슬림 군주는 자신의 뜻이 중요했다. 결국 두 나라는 인도의 강제 조치

인도연방공화국의 행정 구역 인도는 28개 자치주와 7개의 연방 직할지로 구분되는데, 이는 언어를 기반으로 나누어졌다. 자치주에는 각각의 자치 정부, 지사, 수상이 있고, 연방 직할지는 수도인 뉴델리에 있는 연방 정부의 지배 아래 있다.

로 인도 연방에 편입되었다.

한편 카슈미르의 상황은 더 복잡했다. 동부 지역은 힌두교도가 다수였으나, 전체 주민의 3/4이 무슬림이었고, 반면에 군주는 힌두교도였다. 군주가 소속을 결정하지 못하자 파키스탄이 주민 투표를 실시하자고 요구했는데, 인도가 이를 받아들이지 않았다. 이에 1947년 파키스탄 주민들이 행동에 나서 영토의 40퍼센트를 차지했다.

이를 지켜보고만 있을 수 없었던 군주는 인도에 군사적 지원을 요청

국경선 근처의 인도와 파키스탄 병사 두 나라의 국경 지역인 파키스탄 라호르의 와가에서는 매일 국경 수비대 하강식이 열린다. 검정색 군복을 입은 파키스탄 병사와 국방색 군복의 인도 병사가 국경선을 사이에 두고 절도 있게 맞서 있다. 수많은 군중이 야유와 응원을 하며 지켜보는 가운데 서로의 용맹을 더욱 과시하곤 한다.

했다. 곧바로 인도 군인들이 파견되었으나 파키스탄 주민들도 물러서지 않았기에 전쟁은 1년 넘게 이어졌다. 결국 1949년에 현재 국경선에 대한 서로의 권리를 존중하고, 미래는 주민 투표에 따라 결정한다는 국제연합의 중재로 휴전이 이루어졌다. 그러나 파키스탄의 대다수 주민이 무슬림이었기 때문에 인도는 주민 투표를 계속 미루었고, 급진주의자들의 분리 독립운동이 이어지면서 아직도 남아시아의 화약고로 남아 있다.

◉ 언어, 다양하다 못해 복잡하다

인도는 넓은 영토와 다양한 인종만큼이나 많은 언어를 가지고 있다. 그 수가 1652개에 이르는 것으로 알려져 있는데, 1981년 통계에 따르면 1만 명 이상이 사용하는 언어만도 106개나 된다. 그런데 인도에는 정작 국어가 없다. 공용어만 있을 뿐이다.

언어는 독립 인도의 큰 고민거리 가운데 하나였다. 모든 국민이 자유롭게 의사소통할 언어가 없었기 때문이다. 80퍼센트가 힌디어를 이해할 수 있지만, 이를 국어로 한다면 전체 국민의 화합이 깨질 것이 분명했다. 결국 인도는 고민 끝에 국어를 포기하는 대신 공용어를 선택했다. 공용어는 중앙정부의 힌디어에 지방정부의 것을 더하면 20개에 가깝다. 학교와 직장에서는 영어를 공용어로 쓰면서 어려움을 이겨 내고자 노력하고 있지만, 지역마다 서로 다른 언어는 정치, 경제, 종교적인 배경과 함께 인도 통합에 또 다른 걸림돌이 되고 있다.

식민지 시대 영국인들은 다양한 언어를 적극 활용해 인도인의 분열을 부추겼다. 독립 후에도 남부 지역에서는 분리 독립을 요구하며 힌디어 간판을 부수기도 했다. 지금도 분리 독립을 주장하는 지역에서는 언어 문제를 제기하고 있다.

2 | 의회민주주의와
비동맹 외교로 발전하다

국민회의 지배 체제가 만들어지다

초대 총리 네루는 민주주의만이 여러 인종과 넓은 영토를 하나로 묶을 수 있으며, 사회적 불평등을 줄일 수 있다고 굳게 믿었다. 이에 영국이 식민지 인도에 도입하기를 꺼렸던 보통선거 제도를 독립 이후 곧바로 도입했다. 실제로 그의 가장 큰 업적은 민주주의 제도를 확립한 것이었다.

1952년, 드디어 민주주의가 첫 시험 무대에 올랐다. 2억 명의 유권자가 공평하게 한 표씩을 행사한 것이다. 국민회의의 명망과 탄탄한 조직력 때문이었을까? 아니면 아저씨로 불리던 네루의 친근함 덕분이었을까? 국민회의는 국민의 선택을 받아 전체 의석의 3/4 이상을 차지했다.

1957년과 1962년에도 선거가 치러졌다. 국민회의는 이번에도 국민의 전폭적인 지지를 받았다. 종교, 카스트, 지역을 포괄하는 정책이 사회적 갈등을 줄이고, 국민적 통합을 이루어 낼 것이라고 믿었기 때문이다. 국민회의를 이끌었던 네루는 17년 동안 총리직을 맡았다.

하지만 네루의 죽음과 함께 시련이 찾아왔다. 샤스트리가 총리 자리를 이었으나 그의 갑작스런 죽음으로 권력 다툼이 일어난 것이다. 네루의 딸 인디라 간디가 총리가 되었으나 국민회의는 적지 않은 타격을 입었다. 중앙정부는 지켰지만 8개 주에서 야당 연합 세력에 권력을 넘겨주고 말았던 것이다.

이후 인디라 간디는 국민회의를 이끌면서 강력한 농업 개혁을 추진하고, 동파키스탄의 독립을 지원하면서 파키스탄과 전쟁을 벌여 승리했다. 이에 동파키스탄이 방글라데시로 분리 독립했는데, 이는 1971년 선거에서 국민회의가 다시 국민의 지지를 받는 결정적인 계기가 되었다.

그러나 또 다른 문제가 생겼다. 인디라 간디가 부정선거로 총리직에서 쫓겨날 위기에 처하자, 비상계엄을 선포하고 독재정치를 시작한 것이다. 인디라 간디는 언론·집회·결사의 자유 등을 억압하고, 정치적 경쟁자를 정치범으로 몰아세워 구속했다.

이에 1977년 선거에서 독재정치 심판, 의회민주주의 사수를 기치로 내건 야당의 연합 세력인 국민당이 강력한 도전 세력으로 떠올랐다. 결국 국민당이 승리했고, 총리직은 데사이에게 돌아갔다. 하지만 국민당은 여러 정파 간의 갈등을 이겨 내지 못하고, 1980년 선거에서 국민회의에 다시 권력을 내주었다.

이후 인디라 간디는 지역 정당들을 억압했다. 국민회의의 권력을 이어가기 위한 것이었으나, 모두가 연방의 일원이라는 소속감을 약화시키는 결과를 초래했다. 펀자브, 카슈미르, 아삼 등이 대표적인 지역이었는데, 분리주의 운동이 한층 더 격렬해지면서 연방제는 심각한 도전을 받게 되었다.

특히 펀자브의 시크교도는 자신들만의 독립국가를 만들자면서 연방 정부에 대한 반감을 노골적으로 드러냈다. 급기야는 시크교를 힌두교로 규정한 연방헌법을 불태우며 과격 행동에 나섰다. 이에 인디라 간디는 시크교의 근거지인 황금 사원을 국론을 분열시키는 음모의

시크교도 1984년 황금 사원 무력 진압과 반시크교 폭동 등으로 시크교도와 힌두교도 사이의 갈등이 깊어졌다. 현재 인도의 시크교도는 약 1000만 명에 이르며, 그 수는 계속 늘어나고 있다. 이들은 터번으로 감싼 긴 머리와 길게 기른 턱수염을 하고 있는데, 이는 이들이 신께서 주신 신체를 본래의 모습 그대로 지켜야 한다고 믿기 때문이다.

성으로 규정하고, 군사들을 동원해 폭격하라라며 강경하게 대응했다. 탱크와 박격포가 황금 사원을 포위했는데, 순례자들이 많이 찾은 날을 선택해 공격했기에 희생자가 많았다.

하지만 인디라 간디 역시 4개월 뒤 자신의 숙소에서 싸늘한 시체로 발견되었다. 시크교도인 자신의 경호원에게 암살된 것이다. 이에 성난 힌두교도는 시크교도를 닥치는 대로 죽였다. 수도에서만 2000명이 목숨을 잃었는데, 재판에 회부된 사람은 단 한 명도 없었다.

비동맹 외교정책으로 이름을 떨치다

초대 총리 네루는 영국의 식민 지배에서 벗어난 후에도 인도가 영국 연방의 일원으로 남기를 희망했다. 영국과의 경제적 관계를 정리할 준비가 되어 있지 않은 데다가 정치, 군사적으로도 이익보다는 손해가 많을 거라고 판단했던 것이다. 반대 입장도 만만치 않았다. 힘겹게 독립했는데, 영국 연방으로 남는 것은 말이 안 된다는 주장이었다. 사회주의자들뿐 아니라 국민회의 내부에서도 적지 않은 사람들이 이런 입장을 가지고 있었다. 그럼에도 네루는 인도가 영국과 멀어지면, 파키스탄이 영국과 가까워질 것이라면서 이들의 반대를 물리쳤다.

실제로 인도의 국제정치는 파키스탄과의 관계를 중심으로 이루어졌다. 그 배후에는 카슈미르 문제가 있었는데, 두 나라의 갈등은 종종 무력 대결로 이어졌다. 1948년, 1965년, 1971년 세 차례 전쟁을 치렀는데, 1971년에는 인도가 동파키스탄을 지원함으로써 방글라데시가 탄생하는 데 큰 역할을 했다.

제1세계　　제2세계　　제3세계

비동맹 세력의 중심, 인도 네루는 미국과 소련을 축으로
한 냉전 체제 속에서 화해와 평화의 소중함을 일깨웠다.
인도는 비동맹 세력의 중심으로 우뚝 섰는데, 사진은 네
루(가운데)가 이집트의 나세르(왼쪽), 유고슬라비아의 티
토(오른쪽) 대통령과 나란히 서 있는 모습이다.

　　하지만 네루는 외교정책에서는 독자적인 길을 걸었다. 자본주의와
공산주의 세력의 대표 주자로 떠오른 미국과 소련이 약소국에 경제와
군사적인 도움을 주며 영향력을 키워 나가자, 많은 나라가 이들에게
의지했으나, 어느 쪽에도 가담하지 않는 제3의 길을 선택한 것이다.
이는 자본주의와 공산주의의 냉전에 휘말리지 않으면서 식민 지배의
상처를 치료하는 데 집중하려는 의도에서 비롯된 것이었다. 실제로
그는 독립 후에도 계속되는 힌두교도와 무슬림의 폭력 사태, 3억 명이
넘는 인구의 굶주림 등을 해결하는 것을 최우선적인 과제로 삼았다.
　　이를 비동맹주의라고 하는데, 한국전쟁에서도 드러났다. 유엔이 남

한에 대한 군사 지원을 결정하자 인도도 찬성했으나, 의료 지원단을 파견하는 중립적인 태도를 취했던 것이다. 이후 비동맹주의는 이집트와 유고슬라비아의 지지를 받아 아시아와 아프리카 여러 나라의 외교 정책으로 성장했다.

하지만 비동맹주의는 국경을 접한 중국, 파키스탄과의 관계에서는 종종 한계를 드러냈다. 1951년 중국이 티베트를 강제 병합하자 인도와의 종주권 분쟁이 일어났다. 1954년 인도는 티베트를 사이에 놓고 중국과 평화 조약을 맺었으나, 1959년 인도가 티베트의 지도자인 달라이라마˙의 망명을 받아들인 후, 두 나라의 우호 관계가 깨졌고, 1962년에는 중국의 침략을 받는 아픔을 감수해야 했다.

1979년에는 소련이 인도 역사의 무대인 아프가니스탄을 침공한 것에 대해서도 침묵해야 했다. 그들이 인도에 무기를 공급하고, 카슈미르 문제에 대해 인도를 지지했기 때문이다. 파키스탄은 중국, 미국 등과 우호 관계를 이어 갔으나, 이들 나라는 파키스탄과 인도의 전쟁에 직접 개입하지 않았다. 그 결과 인도는 남아시아에서 주도권을 유지할 수 있었다.

● **달라이라마** | 중국의 티베트 강제 병합에 대항해 비폭력 독립운동을 이끌었다. 그 공로를 인정받아 1989년에 노벨 평화상을 받았다.

3 | 국가자본주의 가 발달하다

경제개발 5개년 계획을 추진하다

인도는 값싼 노동력, 풍부한 자원, 넓은 시장 등을 가진 매력적인 투자처였다. 이에 식민지 시기에는 영국 자본이 대거 진출해 인도 경제를 좌지우지했다. 인도통치법에 따라 인도인들이 경제정책에 관여하면서 민족자본이 만들어지기도 했으나, 전체 산업에서 차지하는 비중은 크지 않았다.

건국 후 인도 정부의 경제적인 당면 과제도 여기서 비롯되었다. 식민지 시대에 만들어진 잘못된 경제구조를 바로 잡아야만 국민들의 굶주림을 해결하고 자립 경제의 기초를 마련할 수 있었던 것이다. 네루

● **국가자본주의** | 국가가 대자본과 결합해서 국민 경제를 통제하고 관리하는 자본주의를 말한다.

인도의 산업 1950년 인도는 농업과 임업, 그리고 어업이 국내총생산의 59퍼센트를 차지했고, 제조업의 비중은 10퍼센트에 지나지 않았다. 그러나 경제개발계획으로 교통, 통신, 에너지 등에서 산업화에 필요한 토대가 형성되었다.

총리는 1951년부터 소련의 사회주의 경제정책을 모범으로 5년 단위의 경제개발계획을 실시했다. 1차는 농업, 2차는 공업에 중심을 두었는데, 강력한 공업 국가로 발돋움하는 것이 목표였다. 철강 등 중공업이 소비재 산업보다 우선시되었고, 수입 대체 산업이 장려되었다. 정부의 투자 역시 민간이 아닌 공기업에 집중되었는데, 철도, 항공, 에너지 등의 주요 산업은 정부가 직접 관리, 운영했다.

  네루의 정책은 나름의 성과를 거두었으나 인도와 세계 자본주의경제의 거리는 한층 더 멀어졌다. 식량 부족, 국제수지 악화 등이 경제 발전에 걸림돌이 되었다. 이런 상황에서 1965년 파키스탄과의 전쟁이 일어났고, 여기에 연이은 가뭄으로 인해 경제 사정이 더욱 나빠졌다.

인디라 간디는 돌파구를 마련해야 했다. 그녀는 기업과 시장에 대해 강력한 통제 정책을 추진했다. 공기업을 생산과 서비스 분야까지 진출시키고, 주요 은행을 비롯해, 보험 회사, 석탄 등의 산업을 국유화했다. 이어 각종 인허가 제도, 독점금지법, 외환규제법 등을 정비해 민간 기업의 활동과 외국인의 투자를 규제했다.

이후 더 많은 규제 조치가 취해졌다. 이 과정에서 정부가 부실한 기업을 떠안았는데, 이는 정부의 재정 상태를 크게 악화시켰다. 가뭄이 몇 차례 이어지면서 농산물 가격도 폭등해 인플레이션이 일어났다. 여기에 국제 석유파동이 겹쳐지면서 인도 경제는 큰 충격에 빠졌다.

7차에 걸쳐 진행된 경제개발 5개년 계획으로 산업 기반 시설의 확충, 국내총생산의 증가, 자본의 축적 등의 성과가 있었다. 하지만 정부의 지나친 규제와 국내시장 중심의 발전 전략은 선진국과의 격차를 줄이기는커녕 다른 개발도상국들에도 뒤처지는 결과를 초래했다.

농촌 개혁 운동에 힘을 기울이다

네루의 경제적인 목표는 명확했다. 굶주림에서 벗어나는 것이었다. 이에 농촌 개혁에 힘썼는데, 농민이 전체 인구의 70퍼센트를 차지했고, 농업이 국가 수입의 절반을 가져다주었기 때문이다. 그 가운데 핵심은 토지제도의 개혁이었다. 지주가 소유할 수 있는 토지의 상한선을 정해 지주는 상한선 외의 토지에 대한 보상을 받았다. 그런데 토지 개혁의 주체는 중앙정부가 아니라 주 정부였다. 이에 지방에서 정치권과 긴밀한 관계를 맺고 있던 지주들은 토지의 상한선을 높이 책정하도록 정치권을 압박했다. 결국 토지제도의 개혁은 실패로 돌아갔다.

이어 네루는 지역사회 개발계획을 추진했다. 농업부에 전문가들을 배치하여 농민들에게 종자 개량과 화학비료 사용법 등을 가르치도록 한 것이다. 촌락 평의회 제도도 적극 활용했는데, 각각의 촌락 평의회에서 촌락의 개발계획을 세우면 정부가 자금을 지원해 주었다.

이번에는 성공을 거둔 것으로 보였다. 농경지가 늘고 연평균 곡물 생산량도 15퍼센트나 증가했기 때문이다. 그런데 여전히 굶주리는 농민들은 줄어들지 않았다. 그동안 더 많은 사람들이 태어났던 것이다.

인도의 농민 독립 이후 지속적인 농업 개혁 정책의 결과 인도는 식량 자급자족을 이루었으나, 인도 국민의 3/4은 여전히 가난한 농민이다.

촌락 평의회를 장악한 지주들이 정부 지원금을 착복하는 일도 적지 않았다. 그 결과 작은 성과마저도 지주들에게 돌아갔다.

그 후 1965년과 1966년에 큰 가뭄이 닥치자 곡물 생산량이 연평균 19퍼센트나 줄어드는 큰 위기가 찾아왔다. 식량을 수입해 대량의 기아 사태는 면했으나, 언제든 이런 일이 벌어질 수 있었다. 그래서 인디라 간디 총리는 인도 땅을 푸른 들판으로 만들어 굶어죽는 사람을 없애자는 이른바 녹색혁명●을 추진하기 이르렀다.

그녀의 선택은 한 해에 같은 작물을 두 번 수확하는 이모작이었다. 이를 위해서는 물을 안정적으로 공급하는 일이 중요했기에 곳곳에 댐을 건설했다. 하지만 이것만으로는 충분하지 않았다. 때문에 많은 수확을 거둘 수 있는 신품종 개발에 박자를 가했는데, 밀, 쌀, 기장, 옥수수 등에서 성과가 나타났다. 1966년에 7600만 톤 정도였던 곡물 생산량이 1978년에는 1억 3000만 톤에 이르렀다. 두 배 가까이 늘어난 것이다. 독립 당시와 비교하면, 단위 면적당 생산량은 30퍼센트, 새로운 품종 수확량은 22퍼센트 늘어났는데, 특히 주식인 밀은 70퍼센트 넘게 늘어났다.

하지만 녹색혁명의 혜택 역시 대지주들에게 돌아갔다. 대부분의 농민은 가족들이 먹을 식량을 생산하기도 힘들었고, 내다 팔 여분의 작물이 없었던 농민들은 새로운 씨앗이나 비료를 살 돈을 마련할 수 없었다. 가장 큰 문제는 녹색 들판이 농민들의 것이 아니라는 사실이었

● **녹색혁명** | 제2차 세계대전 후 전쟁과 인구 증가로 식량 부족을 겪던 나라들이 추진한 식량 생산의 급속한 증대 또는 이와 관련된 농업 개혁을 말한다.

다. 녹색혁명은 인도인들에게 식량 자급자족의 길을 열어 주었으나, 가난한 농민들에게 실질적인 도움을 주지 못했던 것이다. 결국 정부는 늘어난 곡물을 굶주리는 농민들에게 골고루 돌아가도록 해야 하는 새로운 과제를 떠안았다.

인도 아대륙의
또 다른 나라들

파키스탄 이슬람 공화국

파키스탄 사람들은 인더스 강을 '파키스탄의 젖줄'이라고 부른다. 예부터 농업을 바탕으로 세계 최고의 도시 문명을 꽃피웠으며, 오늘날에는 이곳에서 생산된 농산물로 1억 7000만 명이 넘는 인구가 먹고살기 때문이다. 어디 이뿐인가? 목화는 온 나라 사람들이 쓰고도 남아 해외로 수출하고 있다.

이 지역은 문화 창조의 통로이기도 했다. 인더스 문명이 사라진 후 아리아인이 카이바르 고개를 넘어 인도에 들어와 정착해 힌두스탄 평원의 새 주인이 되었다. 이후 중앙아시아를 비롯해, 페르시아, 그리스 등 수많은 이민족이 이들의 뒤를 따라 인도에 들어와 풍요로운 문명을 이룩했다.

무굴 제국을 세우고, 300년 넘게 인도 아대륙을 호령한 이슬람 세력 역시 이곳을 통해 들어왔다. 무굴 제국의 황제들은 기존 인도인들에게 이슬람교를 강요하지 않았고, 힌두교도도 무슬림을 멀리하지 않았다. 실제로 무슬림과 힌두교도는 한 마을에서 함께 어울리며 형제처럼 살았다.

하지만 영국이 인도를 식민지로 만들면서 상황이 달라졌다. 인도인들의 반영 운동이 거세지자 종교 갈등을 조장한 것이다. 결국 힌두교도가 우세한 인도와 이슬람 국가인 파키스탄으로 분리 독립했다.

파키스탄은 인도와 여러 차례 전쟁을 하는 등 원만한 관계를 유지하지 못했는데, 카슈미르에서는 지금도 폭력 사태가 이어지고 있다. 내부적으로도 군사 반란이 일어나는 등 어려움을 겪었다. 2008년 부토의 남편이었던 자르다리가 대통령에 취임한 이후 정치 안정과 경제개발에 노력하고 있다.

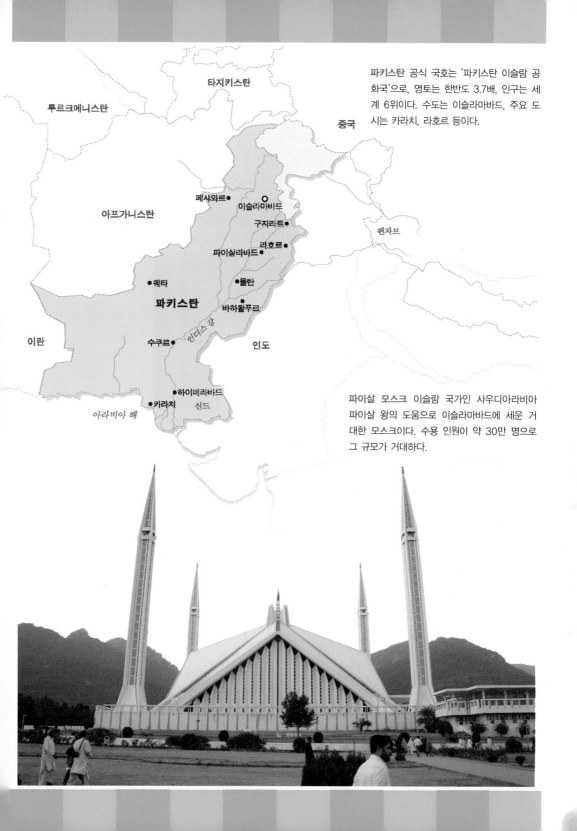

파키스탄 공식 국호는 '파키스탄 이슬람 공화국'으로, 영토는 한반도 3.7배, 인구는 세계 6위이다. 수도는 이슬라마바드, 주요 도시는 카라치, 라호르 등이다.

타지키스탄

투르크메니스탄

중국

펴샤와르 ● ○ 이슬라마바드
구지라트 ●

펀자브

아프가니스탄

파이살라바드 ● 라호르 ●

● 퀘타
파키스탄
● 물탄
바하왈푸르 ●

이란

● 수쿠르
인더스 강
인도

● 하이데라바드
카라치 ● 신드

아라비아 해

파이살 모스크 이슬람 국가인 사우디아라비아 파이살 왕의 도움으로 이슬라마바드에 세운 거대한 모스크이다. 수용 인원이 약 30만 명으로 그 규모가 거대하다.

방글라데시 인민공화국

　방글라데시가 자리한 곳은 갠지스 강 삼각주 지대로, 아주 오래전부터 농업과 문명이 크게 발달했다. 1000년경 이슬람 세력이 들어와 이 일대를 차지할 때까지 여러 힌두교와 불교 왕국들이 이름을 떨쳤다. 이후 이슬람교가 주도적인 종교로 떠올랐는데, 동부는 그 정도가 더욱 심했다.

　15세기 후반부터 유럽의 여러 나라 상인들이 출입했다. 경제적으로 풍요로운 지역이었기 때문이다. 18세기에는 캘커타에 근거지를 만든 영국이 이 일대를 차지하고 수탈을 강화했는데, 이는 영국이 인도를 식민지화하는 데 결정적인 계기가 되었다.

　그래서였을까? 이 지역은 반영 민족운동이 가장 활발했기에 영국은 벵골 분할령을 발표해 민족운동을 약화시키려 했다. 인도인의 거센 저항으로 철회했으나, 이는 1947년 영국이 물러간 후 벵골 지역이 이슬람교가 우세한 동파키스탄과 힌두교가 우세한 서파키스탄으로 나누어지는 데 영향을 끼쳤다.

　독립 이후 파키스탄의 정치, 경제적인 어려움이 더해지자, 1971년 벵골인들은 자신만의

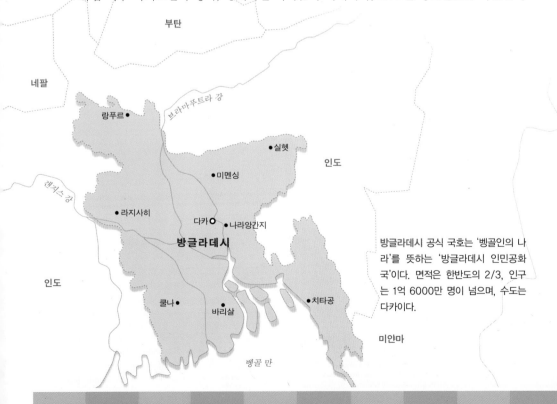

방글라데시 공식 국호는 '벵골인의 나라'를 뜻하는 '방글라데시 인민공화국'이다. 면적은 한반도의 2/3, 인구는 1억 6000만 명이 넘으며, 수도는 다카이다.

나라를 꿈꾸었다. 파키스탄이 무력 진압에 나섰으나, 싸움은 더욱 격렬해졌다. 1000만 명에 이르는 벵골의 힌두교도가 인도의 아삼, 서벵골 등지로 몸을 피했는데, 인도의 지원을 받아 동파키스탄이 방글라데시로 분리 독립했다.

방글라데시는 1972년 헌법으로 민주주의 국가가 되었으나, 30년 넘게 정치 혼란이 이어졌다. 2006년에는 비상사태가 선포되었는데, 2008년에 이를 해제하고 7년 만에 치러진 선거를 통해 셰이크 하시나 연합 정권이 출범했다. 전통 산업인 직물 산업을 육성하며 산아제한과 문맹 퇴치 등에 노력하고 있다.

스리랑카 민주 사회주의 공화국

실론이라 불리던 이 섬에는 일찍부터 원주민들이 살았는데, 기원전 6세기경 인도 북부에서 건너온 신할리즈족이 최초의 왕국을 만들었다. 또 다른 이주민인 인도 남부 타밀족의 공격을 받아 북부 지역을 빼앗기기도 했으나, 기원전 3세기 불교를 받아들인 이후에는 강력한 정치 세력의 지위를 꾸준히 지켜 나갔다.

인도

● 자프나

● 만나르

트링코말리●
● 아누라다푸라

● 푸탈람

스리랑카

● 니곰보   ● 캔디

◎ 콜롬보   ● 바둘라

인도양   ● 스리자야와르데네푸라
          ● 라트나푸라

● 갈

스리랑카 공식 국호는 '스리랑카 민주 사회주의 공화국'으로, 한반도 1/3의 면적, 인구는 2200만 명에 달한다. 행정 수도는 콜롬보, 정치·입법 수도는 스리자야와르데네푸라(코테)이다.

스리랑카 홍차밭 영국인이 스리랑카에 처음 차나무를 가
져와 심었는데 이곳의 흙과 비의 양이 차나무 재배에 알
맞았다. 오늘날 홍차 생산량이 세계 2위다.

화려한 불치 축제 불교의 나라답게 스리랑카에서는 그와
관련된 유적과 축제가 많다. 매해 7~8월에는 불치 축제
가 열리는데, 이때 사람들은 화려하게 치장한 코끼리에 불
치(석가모니의 치아)를 싣고 거리 행진을 한다.

16세기부터 유럽 제국주의 열강의 침략을 받는데, 이를 물리치지 못하고 1815년에 영
국의 식민지가 되었다. 이후 영국 자본가들이 대농장을 만들고 홍차를 재배했는데, 인도 남
부 타밀족 노동자들을 대대적으로 이주시키자 신할리즈족과 타밀족의 대립이 격화되었다.

실론은 1948년 2월 드디어 식민 지배에서 벗어났다. 그런데 지리적으로 떨어져 있고 불
교도가 많았기에 인도, 파키스탄이 아닌 스리랑카로 분리 독립했다. 독립 후에도 영국의 영
향력에서 벗어나지 못했으나, 1972년 친영적인 지주와 승려들의 반대를 물리치고 새 헌법
을 채택해 스리랑카 민주 사회주의 공화국을 수립했다.

최근에도 높은 자리를 독차지한 신할리즈족과 농장에서 고된 일에 시달리는 타밀족 간
의 싸움, 주식인 쌀 부족으로 인한 국민들의 굶주림 등으로 어려움을 겪고 있다. 하지만 세
계 2위를 자랑하는 홍차 생산량과 고무, 코코넛 등 주요 농산물을 콜롬보 항구를 통해 수출
하면서 도약을 꿈꾸고 있다.

8장

희망찬 미래를 향하여

독립 이후 인도는 여러 분야에서 변화와 성장을 거듭해 왔다. 하지만 정치적으로는 국민회의가 40년 동안 권력을 독점했고, 총리직 역시 네루 집안만의 것이었다. 경제적으로도 정부 주도의 정책으로 대외 경쟁력을 갖추지 못했으며, 분배에서도 한계를 드러냈다. 하지만 새로운 정당들이 인기를 얻으면서 정치 구조가 다양화되고 있으며, 경제 자유화와 개방화 정책도 나름의 성과를 내고 있다. 더욱이 많은 비정부기구가 만들어져 인도 정부가 안고 있는 문제들을 해결하고자 노력하고 있다. 최근에는 오랜 숙제인 카스트제도와 함께 종교 공동체주의의 강화로 인한 갈등도 있지만, 인도는 세계 최대의 민주주의 국가로서 많은 인구와 풍부한 자원을 바탕으로 세계 경제 대국을 꿈꾸고 있다.

1984년	라지브 간디 총리 취임, 자유화와 개방화 경제정책 실시
1989년	민족전선 집권, 싱 총리 취임
1991년	라지브 간디 사망, 라오 총리 신경제정책 실시
1992년	아요디야 사태
1993년	뭄바이 폭탄 테러
1996년	통일전선 집권, 바즈빠이 수상 취임, 통일전선 연립정부 재구성
1998년	인도국민당 집권, 소냐 간디 국민회의 총재 취임
1999년	국민회의 집권
2002년	구자라트 학살
2004년	국민회의 집권, 만모한 싱 수상 취임

2001년	9·11 테러, '테러와의 전쟁' 선포
2003년	이라크 침공
2008년	금융 위기 시작, 오바마 대통령 당선

1991년	소련 해체
1992년	독립국가연합(CIS) 성립

1989년	중국 톈안먼 사건
1997년	영국, 중국에 홍콩 반환

1992년	일본, 유엔 평화 유지군(PKO) 법안 통과

1991년	걸프 전쟁

1987년	6월 민주항쟁
1990년	소련과 국교 수립
2000년	남북 정상회담, 6·15 남북 공동선언

1989년	베를린 장벽 붕괴, 냉전 종식
1990년	독일 통일

1 | 정치 구조가 다양화되다

국민회의의 40년 권력 독점이 무너지다

1984년 선거가 치러졌다. 국민회의는 이번에도 국민의 지지를 받아 하원 의석의 80퍼센트를 차지했다. 인디라 간디의 아들인 라지브 간디가 총리직을 맡았는데, 어머니와는 다른 모습을 보였다. 펀자브의 시크교도와 화합을 시도하며 정치적인 안정을 도모하고 자본주의 요소를 도입해 경제 위기를 극복하고자 한 것이다. 그런데 또 일이 터지고 말았다. 국민회의 정부의 관리들이 뇌물 사건에 휘말린 것이다. 결국 국민회의는 분당되었고 야당이 집권당이 되었다.

1989년 또다시 선거가 치러졌다. 이번 승자는 뇌물 사건이 일어났을 때 국민회의에서 발을 빼고, 새로운 정당을 만들어 야당의 길을 걸은 자나타달당의 총재 싱이었다. 국민회의가 부정부패와 권력 다툼으로 40퍼센트 미만의 의석을 차지하자, 공산당과 인도국민당을 끌어들여 민족전선을 결성하고, 연립내각을 구성한 것이다. 이로써 인도 정치사에서 두 번째로 국민회의가 아닌 정권이 탄생했다.

1996년 선거에서는 더욱 큰 변화가 일어났다. 국민회의가 만모한 싱이 이끄는 국민당 중심의 새로운 연합 세력인 통일전선과 인도국민당에 이어 제3정당이 된 것이다. 국민회의의 분열과 부패의 영향이 컸으나, 경제 개혁의 실패와 카스트 간의 갈등 심화 등도 커다란 요인으로 작용했다.

국민회의가 몰락해 간 시기에는 분리 독립 운동●이 더욱 과격해졌다. 카슈미르에서는 파키스탄의 지원을 받은 무장 단체가 인도 측 주민들을 공격하고, 인도 측이 보복하는 악순환이 반복되었다. 1990년대 말, 카슈미르에 배치된 인도군은 주 전체 인구의 1/5에 달하고, 희생된 사람은 3만 명에 이른다.

펀자브 시크교도의 분리 독립 운동도 격렬했다. 1990년 한 해에만 4000여 명이 죽었는데, 1992년 주 의회 선거가 치러지면서 안정되기 시작했다. 아삼 주에서는 아삼인이 아닌 정치인과 기업가 들이 정치, 경제를 좌지우지하는 것에 대한 반발로 분리 독립의 목소리가 높았으나, 중앙정부에 의해 진압된 이후 비교적 안정적으로 인도 연방 안에 머무르고 있다.

이 과정에서 눈에 띄는 정치적인 변화가 있었다. 힌두 우익 정당의 성장이 그것이다. 대표 격이 인도국민당인데, 1984년 처음 총선거에

● **분리 독립 운동** | 종교 갈등이 주요 배경이었으나, 정치적 견해 차이, 경제적 문제, 사회·문화적 갈등 등도 원인으로 작용했다.

수많은 지역 정당 인도에는 2000여 개의 지역 정당이 있다. 이는 인도의 다양성을 보여 주면서 다른 한편으로는 인도가 분열과 갈등을 이겨 내고 화합을 이룩해야 하는 과제를 안고 있다는 증거이기도 하다.

서 2석밖에 얻지 못했으나, 1989년에는 545석 가운데 91석을, 1991년에는 119석을 차지하면서 인도의 정치를 이끌었다. 이후 힌두 민족주의의 바람이 더욱 거셌는데, 1996년 총선거에서 161석을 얻어 제1당이 되었다. 비록 연립정부 구성에 실패해 통일전선에 집권당을 내주었으나, 1998년에는 182석을 차지함으로써 연립정부를 구성하게 되었다. 드디어 명실상부한 집권당이 된 것이다.

인도국민당은 1999년 선거에서는 180석, 2004년에는 137석에 그치는 등 성장세가 한풀 꺾였다. 2004년 선거에서 국민회의는 145석을 얻었는데, 연합 세력과 공산당의 협조를 얻어 인도국민당을 물리치고 정권을 차지했다. 시크교도이자 개혁 경제주의자로 알려진 만모한 싱이 총리로 선출되었다.

종교 공동체주의가 성장하다

인도연방공화국의 초대 총리 네루와 집권 여당 국민회의가 초지일관
버리지 않았던 원칙 가운데 하나는 세속주의, 즉 정치와 종교의 분리
였다. 이는 국민회의가 종교의 장벽을 넘어 인도인들의 폭넓은 지지
를 받고, 40년 가까이 권력을 이어갈 수 있었던 가장 중요한 바탕이
었다.

그런데 1984년 인디라 간디 총리가 시크교도에게 암살되면서 이 원
칙이 크게 흔들렸다. 다양한 종교를 가진 사람들은 어울려 살다가도
때때로 충돌하곤 했다. 이에 세속주의는 힘을 잃어가고 종교 공동체
주의●가 강화되어 갔다. 1980년대 말, 인도국민당이 힌두 민족주의를
내세워 힌두교도의 표심을 자극하자, 이러한 움직임이 더욱 힘을 얻
었다.

더 많은 인도인이 종교 공동체주의에 관심을 갖게 된 계기는 1992
년 아요디야 사태였다. 아요디야는 비슈누의 화신인 라마의 고향인
데, 이곳에 바브리라는 이슬람 사원이 있던 것이 발단이었다. 델리에
서 열린 힌두교 집회에서 이를 문제 삼자, 전국 각지의 힌두교도가 아
요디야로 몰려갔다.

힌두인들은 아요디야가 본래 힌두교 땅이었는데 무슬림이 침략해

● **종교 공동체주의** | 힌두교, 이슬람교, 크리스트교, 시크교 등이 각기 구별되는 공동체를 형성
해 종교 문제뿐 아니라 정치, 경제, 사회, 문화 등 세속적인 모든 사항에 대해서도 공통의 이
익을 추구하는 공동체 중심을 말한다. 종교 갈등이 배경이라는 것을 부정할 수 없으나, 정치
적인 견해 차이, 경제적인 문제, 사회·문화적인 갈등 등 다양한 요소가 원인으로 작용했다.

차지했다고 주장했다. 무슬림이 여기에 있던 힌두교 사원인 라마 사원을 파괴하고 그 위에 이슬람 사원을 세웠으니, 당장 이를 부수고 라마 사원을 복원해야 한다고 목소리를 높였다. 무슬림이 막아섰으나 힌두인들은 이를 불살라 잿더미로 만들었다. 이 과정에서 232명의 무슬림이 죽었다.

이는 종교 공동체 사이에 폭력을 더욱 심화시켰다. 힌두교도가 증오의 대상인 무슬림을 공격하면, 무슬림은 보복 테러를 가했다. 대표적인 것이 1993년에는 뭄바이 폭탄 테러인데, 증권거래소를 비롯한 도심 곳곳에서 여러 발의 폭탄이 동시에 터져 293명이 죽고, 1000여 명이 다쳤다.

화합하는 인도인 '천의 얼굴'이라고 표현될 정도로 다양한 인도인은 종종 폭력 사태에 휩싸이기도 하지만, 평소에는 가까운 이웃으로 평화롭게 살아가고 있다.

힌두교도 역시 무슬림에게 무력으로 보복했는데, 2002년 구자라트 주에서는 무슬림을 무차별 학살했다. 이어 누군가가 힌두인들이 탄 기차를 공격해 여성, 어린이를 포함한 58명이 불에 타 죽는 일이 벌어지자, 힌두교도는 이를 무슬림의 소행으로 여기고 5000명이 넘는 무슬림을 살해했다.

최근 인도 정치의 최고 화두는 힌두인 국가의 건설이다. 인도국민당이 이를 이끌고 있는데, 이들은 인도는 힌두인의 나라여야 한다고 공공연하게 외치고 있다. 그러나 대다수의 힌두인들과 그 외의 종교를 가진 사람들은 공존하며 어울려 살아가고 있다.

● 인도 민주 정치의 한계, '네루 왕조'

네루는 독립 이후 가장 큰 영향력을 발휘한 정치 지도자였다. 초대 총리를 지냈고, 이후 단 한 순간도 총리직을 떠난 적이 없다는 사실이 이를 잘 말해 준다. 그가 죽은 후 샤스트리가 총리를 맡았으나, 곧 그 자리는 네루의 딸 인디라 간디에게 전해졌다. 이를 두고 사람들은 비난을 쏟아부었다.

"네루 왕조가 세워졌다."

합법적인 선거를 통해 총리가 되었으나 네루의 후광이 없었다면 불가능한 일임을 모두가 알고 있었던 것이다. 실제로 그녀는 네루의 명망을 적극 활용함으로써 정치 무대에서 확고한 입지를 다졌다.

네루의 가족 네루가 1948~1964년, 그의 딸 인디라 간디가 1966~1977년과 1980~1984년, 그녀의 아들 라지브 간디가 1984년부터 5년간 총리를 맡았다. 이는 선거에 따른 것이기에 절차상 문제도 없었고, 군사 쿠데타도 아니었다. 하지만 한 집안의 권력 독점은 인도 독립 이후 진정한 정치 근대화를 이루지 못한 결과이기도 했다.

네루 집안의 권력은 그녀가 암살된 뒤에도 사라지지 않았다. 정치에는 손댄 적이 없었던 그녀의 아들 라지브 간디가 총리가 된 것이다. 그마저 암살된 후에는 그의 부인 소냐 간디가 여당 대표를 맡았다. 이탈리아인이기에 여론을 의식해 만모한 싱에게 총리직을 맡겼지만 딸에, 손자에, 손자 며느리까지 네루 왕조라 불릴 만했다.

최근에는 라지브 간디의 아들 라훌 간디가 관심 대상이다. 라지브 간디가 죽었을 때 소년이었던 그가 성장해 우타르프라데시주의 국회의원으로 활약하면서 가장 유력한 차기 총리로 떠오른 것이다. 2009년 만모한 싱 총리가 심장 수술을 받은 후에는 국민 뿐만 아니라 언론에서도 공공연하게 이야기하고 있다. 만모한 싱에 이어 라훌 간디가 인도연방공화국의 총리가 될 것이라고 말이다. 시기가 문제인데, 이는 라훌 간디 당사자와 그의 어머니인 소냐 간디의 선택에 달려 있다고 하겠다.

그래서일까? 인도인들은 그 누구도 감히 이 말을 부인하지 못한다.

"네루는 죽었으나, 그의 왕조는 여전히 살아 숨 쉬고 있다."

2 | 계획경제 체제를 수정하다

자유화·개방화 정책을 추진하다

독립 이후 인도는 40년 가까이 계획경제 체제를 고집했다. 그 결과 농업을 비롯한 몇몇 부문에서 눈에 띄는 성과를 이룩했으나, '약소국', '기아와 빈곤의 나라'라는 평가로부터 자유롭지 못했다. 정부의 지나친 통제로 성장 속도가 느렸음은 물론, 분배에서도 문제를 드러냈기 때문이다.

1984년 총리가 된 라지브 간디는 이를 인정하고, 산업과 무역정책의 자유화와 기업의 개혁을 담은 경제정책을 추진했다. 기업이 아닌 정부가 투자를 늘리는 방식으로는 더 이상 성장이 불가능하고, 그럴 만큼 정부 재정이 여유롭지도 않다고 판단한 결과였다.

하지만 무역 적자로 인한 외채 증가, 자본과 기술력 부족 등의 문제가 해결되지 않았다. 여기에 소련과 동유럽 사회주의 국가들의 붕괴와 파키스탄, 중국, 동남아시아 여러 나라의 성장으로 위기감이 높아지자, 1991년 취임한 라오 총리는 더욱 강력한 자유화와 개방화 경제 정책을 추진했다. 산업 인허가 제도를 폐지하고, 공공 부문을 민간에 개방했으며, 외국인 소유 지분을 늘리고 외국과의 기술 협정에도 적극적으로 나섰다. 이른바 신경제정책이 추진된 것이다. 이와 동시에 대대적인 구조 조정을 단행했는데, 이는 인도 경제의 뿌리를 뒤흔드는 엄청난 변화였다.

경제 성장의 거울, 도시 경제 규모의 확대에 따라 거대 도시가 곳곳에 형성되었다. 뭄바이에는 인도문, 타지마할 호텔 같은 웅장한 건축이 들어서 있으며, 인도에는 인구 100만 명 이상인 도시가 20개를 넘는다. 사진은 인도 최대 도시 뭄바이다.

그 결과 정부의 재정 적자가 크게 줄어들었다. 다른 나라에 비해 여전히 높았지만 물가도 안정된 수준을 유지했다. 국내총생산도 꾸준하게 늘어났다. 이는 외국인들의 투자를 이끌어 내는 데 큰 도움이 되었는데, 1991~1992년과 비교해 2005~2006년에는 100배가 넘게 늘어났다. 무엇보다 큰 결실은 국제수지의 안정이었다. 1990년대 이후 소련과 동유럽 여러 나라와의 무역이 크게 줄어들었음에도 해마다 수출이 늘고 있다. 직물, 자동차, IT 수출은 물론, 인도인들의 해외 진출도 더욱 활발해질 것이기에 국제수지는 더욱 안정될 것으로 기대된다.

지속적인 성장과 공평한 분배라는 숙제를 떠안다

1990년 이후 동아시아와 동남아시아의 여러 나라가 외환 부족으로 어려움을 겪을 때에도 인도는 나름의 경제성장을 이어 갔다. 이는 정부 적자의 감소, 소비자 물가의 안정, 국제수지의 흑자와 함께 달성된 것이어서 더욱 의미 있는 것이었다. 개혁과 개방을 통해 세계경제와의 거리를 좁히려는 노력이 주효했다. 특히 1990년대 말 IT 산업이 미국과 연계됨에 따라 IT 및 관련 산업의 고속 성장이 두드러졌는데, 2005년에는 IT 산업 매출액이 282억 달러로, 이를 바탕으로 인도는 8.1퍼센트 경제성장률을 기록했다.

인도 남부의 벵갈루루와 하이데라바드에는 인도 IT 산업을 대표하는 타타 자문서비스 외에 마이크로소프트, IBM 등 세계적인 IT 기업이 밀집해 있다. IT 산업의 메카로 불리면서 세계의 소프트웨어 산업을 이끌고 있는데, 현재 IT 산업에 종사하는 사람이 70여만 명에 이른다. 그 힘의 원천은 2000여 개의 공과대학에서 매년 40만 명씩 배출되는 IT 전문 인력에 있다. 뛰어난 영어 실력과 낮은 임금을 바탕으로 해외에도 많이 진출하고 있는데, 미국 실리콘밸리의 기술자 가운데 상당수가 인도인이다. MSN 메신저의 개발자 역시 인도인이라는 사실은 이들의 실력을 잘 대변해 준다.

경제 전문가들은 IT 산업의 발전과 함께 우수하면서도 낮은 임금의 노동력, 풍부한 천연자원, 중산층의 성장으로 인한 시장 규모의 확대, 개혁과 개방을 통한 제조업 육성 노력, 민주주의 정치체제의 안정성 등의 장점을 가진 인도가 앞으로도 높은 경제성장률을 이어 갈 것이라는 긍정적인 전망을 내놓고 있다.

브라질, 러시아, 인도, 중국의 머리글자를 딴 브릭스(BRICs)와 중국과 인도를 합해서 만든 친디아(CHINDIA) 같은 용어 역시 인도의 경제적 잠재력을 반영한 것이다.

그래서일까? 많은 인도인이 자유화와 개방화 경제정책에 가속도를 붙이자고 주장하고 있다. 인도를 든든하게 떠받치고 있는 1억 명 이상의 도시 중산층들이 그들이다. 일자리가 늘어 더 많은 돈을 벌게 되면, 고급 주택, 자동차, 가전제품, 휴대전화 등의 소비문화를 마음껏 누릴 수 있기 때문이다.

그러나 도시와 농촌의 빈곤층은 이전보다 더욱 어려워졌다. 정부가 이들의 고통을 해결할 만큼 충분한 경제력을 갖추고 있지 못하기 때문이다. 전기가 들어오지 않는 가정은 60퍼센트, 집 안에 화장실이 없는 가정은 76퍼센트, 글을 읽지 못하는 사람이 50퍼센트에 이르는데, 도시가 아닌 농촌의 상황은 더욱 심각하다. 더구나 도시와 농촌 모두

도비 가트 어느 나라나 마찬가지지만, 성장의 이면에는 어두운 그림자도 있기 마련이다. 인도 최대의 경제도시인 뭄바이에는 야외 빨래터인 도비 가트가 있다. 이곳에서 하루 종일 빨래를 하며 살아가는 수천 명의 불가촉천민을 만날 수 있다.

빈곤층이 늘어나고 있어, 1달러 정도로 하루를 살아가는 사람들이 3억 명이 넘는 것으로 추정되고 있다. 인도 정부는 그동안 이룩한 경제 성장을 계속 이어가는 것은 물론, 그 혜택이 더 많은 인도인에게 돌아가도록 해야 하는 이중의 과제를 안고 있다.

3 | 대중, 사회 변화의 주인공이 되다

카스트에 변화의 바람이 불다

암베드카르는 초대 총리 네루로부터 법무장관직을 제안받았다. 그는 공화국 헌법 만드는 일을 이끌었는데, 그 결과물이 1949년 제헌의회에서 통과되었다. 제15조에는 모든 국민은 공공시설 이용에 있어 어떠한 이유로든 차별받지 않는다는 그의 간절한 바람이 담겼다. 그런데 막상 현실은 크게 달라지지 않았다. 바르나를 가진 사람들의 생각이 바뀌지 않았기 때문이다. 불평등은 불가촉천민의 문제만은 아니었다. 1951년 여성에게 불리한 결혼과 상속에 관한 법을 고치려는 시도가 좌절되자, 똥 더미 위에 궁궐을 지으려 한다고 탄식하며 그는 법무장관직을 그만두었다.

하지만 보통선거 제도에 따라 불가촉천민들은 다수의 유권자로 목소리를 냈다. 시장경제의 확산은 새로운 직업을 갖고 부를 쌓을 기회를 가져다주었다. 힘을 키운 이들은 불가촉천민도 인간으로서의 기본적인 권리가 있다며 카스트제도에 대한 불만을 적극적으로 표출하기 시작했다.

결국 정치권에서 양보할 수밖에 없었다. 이들에게 지정 카스트라는 호칭이 주어지고, 이들을 보호하기 위한 차별 정책을 실시한 것이다. 헌법에는 국가가 지정 카스트에 대한 특별 배려를 금지하지 않는다는 내용이 담겼다. 이로써 지정 카스트에게 교육의 기회와 일자리가 제공되었으며, 대학에서 학생을 선발하거나 공공 기관에서 직원을 채용할 때 반드시 지정 카스트를 일정 비율 이상 뽑도록 강제했다.

이러한 사회의 움직임 속에 지정 카스트들 가운데 엔지니어, 의사 등 전문직 종사자가 늘어났다. 일부는 지방정부와 중앙정부의 장관이나 국회의원이 되기도 했다. 1995년에는 인도에서 가장 큰 우타르프라데시 주의 수상을 배출하는 등 혁명적이라고 할 만한 변화가 나타났다.

하지만 반발도 적지 않았다. 2006년에는 델리 대학교의 상층 바르나 학생들이 더 많은 지정 카스트를 입학시키는 데 반대하며 시위를 벌였다. 이들은 정부 정책이 전체 인구의 28퍼센트인 지정 카스트의 표를 얻기 위한 수단이라고 비판했는데, 일부는 과격한 행동도 서슴지 않았다.

지정 카스트와 별반 다를 바 없는 삶을 사는 수드라 등 하층 카스트들도 불만을 제기했다. 정부 정책이 역차별이니 자신들에게도 지정 카스트들과 같은 혜택을 달라는 것이었다. 이를 두고 정부의 정책이 사회적 약자를 보호하는 조치인지, 아니면 또 다른 불평등을 만드는 것인지에 대한 논쟁이 끊이지 않고 있다.

카스트와 더불어 또 하나의 중요한 변화는 여성의 권익에 관한 것이다. 1950년대부터 힌두 가족법과 혼인법에 따라 여성의 이혼과 재산 상속을 인정하고 유아 결혼과 일부다처제를 금지했으나, 1980년대에도 결혼 지참금을 이유로 남편과 그 가족들이 신부를 살해하는 사건이 매년 최소 1만 건이 넘었다.

여성의 권리가 사회의 관심사로 주목받기 시작한 것은 1990년대 이

인도 여성 인도 여성들은 여전히 봉건적 속박 속에서 고통받는 사회적 약자이나, 정치, 사회, 경제, 문화의 각 분야에서 인도의 또 다른 주인공으로 남성 못지않은 활약을 하면서 사회 변화를 이끌고 있다.

후였다. 1992년 촌락 평의회 의석의 1/3을 여성에게 유보하는 법률이 제정되면서 여권 신장 활동이 활발히 전개되었다. 촌락 평의회 여성 의원의 상당수는 불가촉천민이나 하층 카스트인데, 최근에는 여성 유보 제도를 주와 연방의회까지 확대하려는 움직임이 일고 있다.

비정부기구, 사회 변화를 이끌다

사회 변화를 이끄는 또 다른 세력은 비정부기구[*]이다. 대표적인 약자인 농민과 관련된 단체가 많은데, 수확량을 늘리는 것을 비롯해 더 많은 일거리를 가질 수 있도록 농촌 개발에도 힘쓰고 있다. 이를 통해 농민들의 굶주림을 해결하고 정치, 사회적 지위를 높여 나가고 있다.

또 다른 약자인 노동자를 위한 기구도 많다. 특히 남성보다 나쁜 조건에서 일하는 여성의 삶의 질을 높이려는 노력이 활발하다. 대표 기구가 자영 여성 노동자 협회인데, 이는 여성 가운데서도 극심한 착취를 당하는 비공공부문의 노동자들을 위한 것으로, 노동자로서의 기본적인 권리 쟁취를 목표로 활동하고 있다.

최근에는 더 많은 여성 기구들이 등장해 다양한 분야로 활동 범위를 넓혀 가고 있다. 노동 여성 포럼이 그 예인데, 처음에는 경제적으로 어려운 여성 노동자들에게 담보 없이 돈을 빌려 주는 금융기관으로 출발했으나, 지금은 가족계획과 보건 의료는 물론, 교육 분야 등에

● **비정부기구** | 정부가 관여하지 않은, 즉 시민 개개인 또는 민간 조직이 조직한 단체를 말한다. 흔히 Non-Governmental Organization의 약자인 NGO로 널리 알려져 있다.

서도 활발한 사업을 벌이고 있다.

여성들은 환경 분야에서도 큰 역할을 했다. 히말라야 지역에서 일어난 칩코 운동●이 대표적인데, 이는 산촌 마을 여성들이 대규모의 벌목에 반대하며 나무를 베지 못하도록 나무에 자신들을 묶어 껴안는 운동에서 시작되었다. 이후 많은 사람들이 동참하면서 세계적인 환경 운동의 표본이 되었다.

또 하나의 주목할 만한 환경운동으로 나르마다 댐 건설 반대 운동이 있다. 정부가 전기 보급, 홍수 조절 등의 이유로 나르마다 계곡 개발을 추진하자, 쫓겨난 사람들이 만약 댐이 완공되면, 54억 4500만 평이 물에 잠기니, 수만 명에 달하는 수몰민들의 이주와 생계 대책을 제시하라며 반대에 나선 것이다. 환경보호 주의자들과 세계 각국의 지지자들이 합세하자 대법원은 대책이 마련될 때까지 공사를 중단시켰다.

그런데 물과 전기를 애타게 기다리는 일부 농민과 공장 관련자 들은 다른 목소리를 내고 있다. 자신들은 안정적인 농업용수와 전력 공급을 원하니, 하루빨리 댐 공사를 재개하라는 것이다. 이들은 댐 공사 지연으로 하루 1억 원의 손실이 발생한다며 관계 당국을 압박하고 있다. 결론이 어떻게 나든, 다른 입장을 가진 사람들과의 갈등은 끊이지 않을 것이다.

최근에는 더욱 더 많은 비정부기구들이 만들어져 활동하고 있다.

● **칩코 운동** | '칩코'는 힌디어로 '껴안다'라는 뜻으로, 칩코 운동은 인도 여성들이 벌목을 막기 위해 나무를 껴안고 떨어지지 않는 전술을 사용해 벌인 환경운동이다. 여성 운동으로, 환경 운동으로, 지역 자치 운동으로 활발하게 전개되며 적지 않은 성과를 이루어 냈다.

인도인의 주권 운동 인도인들은 국가의 주인으로, 자신들의 어려움을 스스로 해결하기 위해 노력하고 있음은 물론, 다양한 비정부기구를 통해 정부의 정책 결정에도 큰 영향을 미치고 있다. 사진은 아이들이 칩코 운동에 참여하고 있는 모습이다.

이들은 기득권층에 대한 비판 세력으로, 빈곤, 인권 등 여러 가지 문제를 해결하는 데 앞장서고 있다. 그런데 사회 구성원 전체를 위한 바람직한 변화보다는 개인이나 특정 집단의 이익을 위해 활동하는 경우가 적지 않은 것도 사실이다.

◉ 다양한 종교가 공존하는 인도

흔히 인도는 '힌두교의 나라'라고 불린다. 이에 사람들은 힌두교
가 인도의 국교라고 생각한다. 인도에서는 어디든 힌두교 사원
을 쉽게 찾아볼 수 있고, 1년 내내 힌두교 축제가 이어지기 때문
이기도 하다. 그런데 인도는 개인이 믿고 싶은 종교를 자유롭게
선택할 수 있는, 종교의 자유를 보장하는 나라이다.

실제로 인도에는 전체 인구의 약 80퍼센트 정도를 차지하는 힌
두교도 이외에 다양한 종교를 가진 사람들이 있다. 힌두교도에
이어 두 번째로 많은 것이 무슬림인데, 이들은 전체 인구의 11퍼

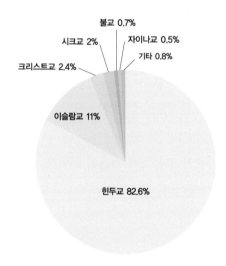

인도의 종교 인도는 힌두교의 나라로 알려져 있으나, 인도에는 힌두교뿐만 아니라 무슬림, 크리스
트교도, 시크교도, 불교도, 자이나교도 들이 함께 어울려 살고 있다.

센트에 이른다. 인도는 인도네시아, 파키스탄 등과 함께 무슬림이 많은 나라로 손꼽히고 있다.

세 번째는 전체 인구의 6퍼센트 정도를 차지하는 크리스트교도이다. 크리스트교는 로마 제국 때에 들어왔으나, 널리 퍼지기 시작한 것은 포르투갈의 바스쿠 다 가마가 인도 땅에 발을 들여놓은 이후였다. 특히 최근에 그 세력이 커지고 있는데, 주로 불가촉천민을 비롯한 하층민들이 믿기 때문이다.

이외에 시크교도, 불교도, 자이나교도 들도 적지 않다. 이들은 때때로 종교가 다르다는 이유로 다툼을 벌이기도 했으나, 오랫동안 어깨를 맞대며 살아왔고 지금도 함께 살고 있다. 서로가 다름을 인정하면서도 결국 모두가 하나임을 강조하는 인도인의 지혜가 종교에서도 드러나는 대목이다.

인도인의 삶에도 특수성과 보편성이 있다

인도인의 대다수는 힌두교를 믿는다. 이들은 자신들만의 독특한 생활 방식을 가지고 있는데, 가장 특이한 점은 이것이다.

'깨끗함이 무엇보다 중요하지.'

특히 사람과 동물의 분비물, 시체 등을 멀리하여, 아침에 일어나자마자 용변을 보고 목욕을 하고, 아무리 친하다고 해도 시체가 있는 집을 방문하지 않는다.

채식주의자가 많은 것도 이와 관련이 있다. 육식은 곧 동물의 시체를 먹는 것이기 때문이다. 특히 브라만들 가운데 채식주의자가 많은데, 심한 경우에는 파, 마늘 등의 뿌리 식물도 먹지 않는다. 생명의 근원인 뿌리를 먹는 것은 생명을 죽이는 육식과 다름없다고 생각하기 때문이다.

카스트 역시 이와 관련이 깊다. 가장 아래 계층인 불가촉천민 대부분은 사람이나 동물의 분비물과 관련된 일을 한다. 청소부, 세탁부, 도살업자 등이 그들인데, 이 가운데서도 짐승을 죽이는 사람들이 가장 천한 대우를 받는다. 짐승 가죽으로 신발, 북 등을 만드는 이들도 여기에 속한다.

독특한 생활 방식은 소에게 특별한 정화의 힘이 있다는 믿음에서 비롯되었다. 엄격하게 말하면, 소 자체가 아니라 소가 만들어 내는 다섯 가지 성스러운 물건 즉 우유, 버터, 고체 요구르트, 똥, 오줌이 그것이다. 이 가운데 다른 나라 사람들의 가장 큰 관심을 끄는 것은 단연 똥이다.

소똥의 쓰임새 소똥의 가장 큰 용도는 연료이다. 그렇기에 인도에서는 소똥을 말려 저장하는 것이 아낙네들의 주요 일과인데, 이를 내다 팔아 생계를 유지하는 사람들이 적지 않다.

농촌에 가면 소똥을 손으로 정성스럽게 비벼서 덩어리를 만드는 여자들을 쉽게 볼 수 있다. 햇빛이 잘 드는 담벼락에 붙여서 말리는데 그 쓰임새가 다양하다. 가장 큰 용도는 오염을 막는 것이다. 출생, 결혼식 등이 치러질 집안이나, 축제가 열릴 사원에서 이를 여기저기에 발라서 오염을 예방한다. 소똥은 실제 생활에서도 유용하게 쓰인다. 일주일에 한 번 정도 소똥을 물이나 오줌에 개서 청소를 하는데, 마르고 나면 먼지 하나 없이 깨끗해진다. 난방과 취사용 연료로도 널리 사용된다. 새해 첫날에는 빈대떡 모양의 차파티(카레를 찍어 먹거나 다양한 요리에 곁들여 먹는 인도 빵)를 만들어 먹는데, 이날은 소똥 불꽃에 굽는 경우가 많다.

그러나 인도인들이 자신들만의 문화를 고집하는 것은 아니다. 이들도 세계 여러 나라 사람들처럼 다양한 여가를 즐기면서 살아가는 힘을 얻는다. 특히 크리켓, 축구, 테니스, 필드하키, 폴로 등 스포츠를 좋아하는 사람들이 많은데, 가장 인기 있는 종목은 영국인들이 인도에 도입한 크리켓이다.

흔히 '예의바른 야구'라고도 불리는데, 프로리그 선수들은 엄청난 연봉과 함께 유명인 부럽지 않은 인기를 누린다.

한편, 인도 하면 빼놓을 수 없는 것이 축제이다. 인도는 축제의 나라로 불릴 정도로 많은

크리켓 인도는 세계 최고의 크리켓 인구를 자랑한다. 나뭇가지 몇 개와 공 하나만으로도 경기를 할 수 있기 때문이다. 대표팀 수준도 세계 최강인데, 국제경기가 치러질 때는 남녀노소 누구나 열광적인 응원을 한다.

축제가 있는데, 가장 화려한 것이 홀리 축제이다. 풍년을 기원하는 제사의 하나로, 봄이 시작되는 3월 보름날에 열리는데, 수많은 사람이 거리에서 노래하고 음악에 맞추어 춤을 춘다. 밝은색 가루를 물에 타서 서로에게 던지는 것이 전통이다. 이날만은 카스트에 따른 제약들이 무시된다.

인도는 영화로도 이름이 높다. 일 년에 1000편 이상이 제작되는데, 주제는 신, 사랑, 액션, 공포 등 다양하다. 미국의 할리우드 영화보다 자신들이 만든 영화를 더 많이 보는 유일한 나라이다. 인도 영화의 중심지인 뭄바이는 이 도시의 옛 이름인 봄베이에 할리우드를 합성해 '볼리우드'라고도 불린다. 영화 상영 시간은 보통 3시간 정도인데, 보통 해피엔딩으로 끝을 맺는다. 영화배우들은 청소년을 비롯한 일반 대중의 우상으로, 대중 잡지의 1면은 거의 예외 없이 이들이 화려한 모습으로 장식된다.

역사 속의 인도와 우리나라

한국과 인도는 오랜 역사만큼이나 일찍부터 교류를 시작했다. 가장 오래된 기록은 《삼국유사》에 있는 가야 김수로왕과 허 왕후의 결혼 이야기이다.

> 신하들이 수로왕에게 결혼을 권하자, 수로왕은 자신이 하늘의 자손이니, 부인도 하늘이 정해 줄 것이라고 대답했다. 얼마 후 허황옥이라는 여인이 탄 배가 서남쪽에서 나타났는데, 그녀는 자신의 고향이 인도의 아유타국이며, 부모님이 가야 왕의 왕비가 되라고 보냈다고 했다. 이에 수로왕이 기뻐하며 그녀와 결혼했다. 두 사람은 자식을 열 명 낳았는데, 첫째는 수로왕을 이어 왕이 되었고, 둘째와 셋째는 어머니인 허황옥의 성을 따라 김해 허씨의 시조가 되었다.

비록 설화로 전해오는 이야기지만, 한국과 인도가 일찍부터 관계를 맺었을 가능성을 보여 주는 흔적이다.

8세기에는 신라의 승려 혜초가 인도에 다녀와서 《왕오천축국전》을 남겼는데, 이를 통해 두 나라가 교류했음을 확인할 수 있다. 그러나 불교 이외에 다른 부분에 대한 교류를 보여 주는 증거를 찾기는 힘들다. 이에 인도는 우리에게 잘 알려지지 않은 불교의 나라로 인식되었다.

두 나라가 서로를 새롭게 바라보게 된 것은 함께 식민 지배를 받은 20세기에 이르러서였다. 1915년에 인도 공산당을 만든 마나벤드라 나트 로이가 서울에 들어와서 우리나라의 사회주의자들을 만나려 했다. 1929년에는 일본을 방문한 타고르가 《동아일보》 도쿄 지국장에게 〈동방의 등불〉이라는 시를 써주었다.

일찍이 아시아의 황금 시기에 빛나던 등불의 하나 코리아,

그 등불 다시 켜지는 날에 너는 동방의 밝은 빛이 되리라.

이 시는 영문이었는데, 그 해 4월 원문과 한글 번역이 《동아일보》 1면에 함께 실렸다. 이 시에 담긴 그의 격려와 사랑은 식민지 시대를 살아가는 우리 민족에게 위안과 용기가 되었다.

한편, 1919년 한국의 3 · 1 운동은 인도의 독립운동에 자극제가 되었다. 한국의 만세 운동 소식이 인도에까지 전해진 것이다. 1939년에는 네루가 감옥에서 자신의 딸, 인디라 간디에 게 쓴 편지글을 엮은 《세계사 편력》이 발간되었는데, 여기에는 유관순 열사의 활약상이 담 겨 있기도 하다.

처음으로 많은 인도인이 한국 땅을 밟은 것은 1950년 한국전쟁 때였다. 비록 전투 병력 은 아니었지만, 인도가 남한을 돕기 위해 의료 지원병 600명을 보낸 것이다. 그러나 두 나 라의 관계는 원만하지 않았다. 중국과 좋은 관계를 이어 가고자 했던 인도가 유엔군의 38도 선 이북 진격에 반대했기 때문이다.

불편했던 두 나라의 화해는 1960년대에 시작되었다. 박정희 대통령이 집권하면서 비동

타고르(1861~1941) 인도의 시인이자 사상가. 시집 《기탄잘리》로 1913년 노벨 문학상을 받았다. 인도의 근대화를 촉진하고 동서 문 화를 융합하는 데 힘썼다. 〈동방의 등불〉은 일제강점기의 한국 민족 에게 큰 격려와 위안이 되었다.

한국 대통령의 인도 방문 2004년 한국 대통령으로서는 처음으로 노무현 대통령이 국빈 자격으로 인도를 방문한 이래 양국은 협력 관계를 공고히 하고 있다. 2018년 문재인 대통령과 나렌드라 모디 총리가 정상회담 후 기자회견을 연 모습이다.

맹 세력의 중심인 인도와의 관계 개선을 도모했기 때문이다. 1962년에 총영사 파견을 시작으로 무역, 문화, 과학 분야로 협력이 확대되었다. 이후 많은 한국인이 인도로 향했으나, 내실 있는 교류라기보다는 호기심 차원에서였다.

인도와 한국의 거리가 한층 가까워진 것은 1990년대였다. 한국이 외국인 노동자들을 받아들이자, 많은 인도인이 한국에 와서 돈을 벌어 인도로 돌아갔다. 한국인의 인도에 대한 생각 역시 달라졌다. 인도가 브릭스, 친디아 등으로 이름을 떨치자, 인도를 기회의 땅으로 여기기 시작한 것이다.

2000년대 들어서서는 진정한 동반자 관계가 되기 위해 노력하고 있다. 2004년에는 노무현 대통령이 인도를 방문해 만모한 싱 총리를 만났고, 2006년에는 인도 대통령 압둘 칼람이 한국을 방문했다. 이를 전후하여 많은 한국 기업이 인도에 진출했다. 이명박 정부 때에는 교류가 더욱 확대되었고, 박근혜 정부 때에는 나렌드라 모디 인도 총리의 한국 방문을 계기로 두 나라의 관계가 특별 전략적 동반자 관계로 발전했다. 최근에는 정치, 경제 분야 외에도 인도의 여러 장점이 부각되면서 아름다운 자연경관과 뛰어난 문화유산을 접하려는 여행객을 비롯해 철학, 불교, 조각 예술 등을 접하기 위한 순례자와 연구자가 크게 늘었다. 학생들의 유학지로도 인기가 높아지고 있다.

　2018년 공식 손님으로 초대받아 인도를 방문한 문재인 대통령은 모디 총리와 정상회담을 가졌다. 우리의 신남방정책과 인도의 신동방정책을 통해 한국-인도 특별 전략적 동반자 관계를 실질적으로 강화해 나가기를 약속했으며 정치, 경제뿐 아니라 외교, 안보, 문화 등에서도 긴밀한 협력을 모색하고 있다.

에필로그 | 인도의 다양성에 주목하자

최근 우리나라 사람들은 힘들거나 위험한 일을 기피하는 경향이 있다. 다른 나라 노동자들이 이를 대신하는 경우가 많은데, 이들 가운데 인도인이 적지 않다. 그래서일까? 사업장에서, 거리에서 인도인을 만나는 것은 어려운 일이 아니다.

인도 음식점을 찾는 것도 마찬가지다. 회사원들이 많은 도심의 빌딩이나, 젊은이들이 많은 찾는 거리, 대학가에서도 인도 식당을 쉽게 볼 수 있다.

최고의 메뉴는 단연 카레다. 양고기, 닭고기, 야채 등 여러 종류가 있어 선택하기가 쉽지 않다. 하지만 이건 일도 아니다. 인도에는 많은 향신료가 있는데, 그 비율이나 조리법에 따라 셀 수 없을 만큼 다양한 카레가 있기 때문이다.

'이 엄청난 다양함은 어디에서 비롯된 것일까?'

그 답은 기본적으로 '복잡한 인종'에서 찾을 수 있다. 인더스 문명의 주인공인 드라비다인, 기원전 1500경 중앙아시아 지역에서 이동해와 이들과 함께 인도인의 뿌리가 된 아리아인 등 수많은 종족이 있다.

이후에도 많은 이민족이 인도에 들어와 정착했는데, 이들은 기존 인도에 자신들의 것을 더해 인도 문화를 더욱 다양하고 풍성하게 만들었다. 인도의 상징으로 알려진 타지마할 역시 힌두와 이슬람 문화가 결합된 산물이다.

또 하나는 '광대한 땅'이다. 인도의 면적은 남한의 33배에 이르는데, 세계 7위의 크기를 자랑한다. 지금의 인도가 만들어지기 이전에 인도의 일부였던 파키스탄, 방글라데시 등 이웃 나라를 포함하면, 면적이 더 넓다. 인도 땅이 인도 아대륙이라 불리는 것은 이 때문이다. 실제로 인도 땅은 유럽 대륙과 크기가 비슷하다. 그렇다면 유럽 대륙에 여러 나라가 저마다의 색깔을 내듯, 인도에 다양한 언어, 종교 등이 존재하는 것은 자연스러운 현상이다.

인구 역시 11억 7000만 명으로, 중국에 이어 세계 2위이다. 세계 총인구가 66억 명 정도라고 하니, 전 세계 사람 가운데 1/6이 인도인인 것이다. 통계에 잡히지 않은 사람까지 합하면 실제 인구는 훨씬 많을 것이다.

이와 관련해 최근에는 이런 주장이 설득력을 얻고 있다.

"인도사를 통일이라는 측면에서 바라보는 것은 문제다."

수많은 인종이 광대한 대륙을 배경으로 다양하고 다원적인 삶을 살았는데, 이를 무시한 채 통일만을 강조하는 것은 올바르지 않다는 지적이다.

인도연방공화국이 만들어지기 이전에 인도 아대륙 전체를 아우르는 나라가 존재한 적은 단 한 순간도 없었다. 역대 가장 넓은 땅을 차지했던 무굴 제국 때에도 500개가 넘는 지방정권이 무굴 제국과 공존했다.

오늘날에도 곳곳에서 분리 독립을 주장하는 목소리가 이어지고 있다. 다양한 정당과 이익 단체가 저마다의 목소리를 높이기에 내부적인 갈등도 끊이지 않는다. 우리의 눈으로는 연방 체제가 곧 깨질 것처럼 위험해 보인다.

반대 주장도 만만찮다.

"하나의 인도를 만들기 위한 노력은 이어져야 한다."

인종, 언어, 종교, 계층 등 인도의 다양성과 다원성은 때때로 많은 인도인에게 걸림돌로 작용했으나, 인도인들은 이를 통합하면서 끊임없이 발전해 왔다.

누가 어떻게 평가하든 인도의 다양성과 통합성은 동전의 양면과도 같다. 갈등과 싸움의 원인인 동시에 성장과 발전의 원동력이다. 이것이 인도인의 삶에 우리가 주목해야 하는 이유이다.

● 연표

인도사	세계사	한국사
2500년경 인더스 문명 발생	**1만 년 전** 농경과 목축 시작	**8000년경** 신석기 문화 시작
1500년경 아리아인, 인더스 강 유역으로 이동	**3000년경** 메소포타미아 문명과 이집트 문명 성립	**5000년경** 서울 암사동 유적 형성
1000년경 아리아인, 철기 사용 · 갠지스 강 유역 진출	**2500년경** 황허 문명 성립	**2333년** 단군왕검, 고조선 건국
800년경 브라만교, 카스트제도 성립	**1240년경** 아시리아, 바빌로니아 정복	**1500년경** 청동기 문화 시작
400년경 마가다 왕국, 갠지스 강 유역 통합	**1100년경** 은 멸망, 주의 황허 유역 지배	**400년경** 철기 문화 시작
327년 마케도니아의 알렉산드로스, 인더스 강 유역 침입	**671년** 아시리아, 오리엔트 통일	**194년** 위만, 준왕을 몰아내고 고조선 왕이 됨
321년경 마우리아 왕조 성립	**492년경** 그리스–페르시아 전쟁 (~479)	준왕은 남쪽으로 내려와 한(韓)의 왕이 됨
185년경 마우리아 제국 몰락	**431년** 펠로폰네소스 전쟁(~404)	**108년** 한나라 침락으로 고조선 멸망 · 한 군현 설치
100년경 촐라 · 판디아 · 체라 왕조, 타밀 지역에서 발전	**264년** 로마, 카르타고와 포에니 전쟁(~146)	**69년** 신라에서 박혁거세 탄생
64년경 쿠샨족, 간다라 지방 정복	**221년** 진, 중국 통일, 만리장성 축조	**59년** 해모수, 북부여 건국
30년경 안드라 왕국, 데칸의 강국으로 등장	**202년** 중국, 한 건국	**57년** 신라 건국
	27년 로마, 제정 수립	**37년** 고구려 건국
		18년 백제 건국

AD

인도사	세계사	한국사
100년경 쿠샨 제국, 카니슈카 왕 즉위		
220년경 안드라 왕국 몰락		
250년경 쿠샨 제국 몰락		
320년경 굽타 제국 성립	**313년** 밀라노 칙령으로 기독교 공인	**313년** 고구려 미천왕 낙랑군 축출
	375년 게르만족의 이동 시작	**391년** 고구려 광개토 대왕 영토 확장(~412)
	395년 동서 로마 제국 분열	
415년경 흉노족 북서부 침입	**476년** 서로마 제국 멸망	**427년** 장수왕의 평양 천도
	486년 프랑크 왕국 건국	**540년** 진흥왕의 영토 확장(~576)
543년경 찰루키아 왕국 성립	**589년** 수, 중국 통일	
600년경 팔라바 왕국 성립	**610년** 무함마드, 이슬람교 창시	**612년** 살수대첩
606년경 바르다나 왕국 성립	**618년** 당 건국	
	632년 이슬람, 정통 칼리프 시대 (~661)	

647년경 바르다나 왕국 붕괴	**661년** 아랍 제국, 우마이야 왕조 (~750)	**645년** 안시성 싸움 **660년** 백제 멸망 **668년** 고구려 멸망 **676년** 신라, 삼국 통일 **698년** 발해 건국
757년 찰루키아 왕국 붕괴	**750년** 아랍 제국, 아바스 왕조 (~1258) **771년** 카롤루스 대제, 프랑크 왕국 통일 **843년** 베르됭 조약	**751년** 석굴암, 불국사 건립
871년경 촐라 왕국 부흥 **893년경** 팔라바 왕국 멸망	**915년** 거란 건국 **960년** 송 건국 **962년** 신성 로마 제국(독일) 수립	**918년** 고려 건국
988년 마흐무드 가즈니, 인도 서북부 침략	**1054년** 동서 교회의 분열 **1066년** 노르만족의 영국 정복 **1077년** 카노사의 굴욕 **1096년** 십자군 전쟁 시작(~1270) **1115년** 금 건국	**1019년** 귀주대첩
		1126년 이자겸의 난 **1135년** 묘청의 서경 천도 운동 **1170년** 무신 정변(~1270)
1206년 아이바크, 델리 술탄 왕조 건립	**1206년** 칭기즈 칸 몽골족 통일 **1215년** 영국, 대헌장 제정	**1231년** 몽골의 침입(~1270) **1236년** 팔만대장경 제작(~1251)
1279년 촐라 왕조 멸망	**1271년** 원 제국 성립	
1336년 비자야나가르 왕국 성립	**1333년** 백년 전쟁(~1453) **1368년** 명 건국	**1392년** 조선 건국
	1429년 잔다르크, 영국군 격파 **1455년** 장미 전쟁(~1485) **1492년** 콜럼버스, 아메리카 항로 발견	**1446년** 훈민정음 반포
1498년 바스쿠 다 가마, 캘리컷 도착	**1517년** 루터의 종교개혁 **1536년** 칼뱅의 종교개혁	
1526년 바부르, 무굴 제국 건국 **1556년** 아크바르 즉위	**1588년** 영국, 무적함대 격파	**1592년** 임진왜란

인도	세계	한국
1600년 영국, 동인도회사 설립		
1605년 자한기르 즉위		
	1618년 독일, 30년 전쟁	
1627년 샤 자한 즉위		
1632년 타지마할 건설 시작		1636년 병자호란
1646년 비자야나가르 왕국 멸망	1642년 영국, 청교도 혁명	
1658년 아우랑제브 즉위		
	1668년 영국, 명예 혁명	
		1725년 탕평책 실시
1707년 바하두르 샤 1세 즉위		
1739년 페르시아, 델리 약탈		
1756년 아프가니스탄 세력, 델리 약탈		
1757년 플라시 전투		
1765년 영국, 벵골 지역 징세권 확보	1776년 미국 독립 혁명	
	1789년 프랑스 혁명	
	1798년 나폴레옹, 이집트 침공	1801년 신유박해
		1811년 홍경래의 난(~1812)
1818년 영국, 마라타 왕국 병합		
1828년 로이, 브라마 협회 창립	1829년 그리스 독립	
1857년 세포이 봉기	1836년 이집트 자치 획득	
1858년 무굴 제국 멸망, 동인도 회사 폐지, 영국령 인도 제국 수립	1840년 아편 전쟁	
	1854년 크림 전쟁	
1875년 다야난다, 아리아 협회 창립	1861년 미국, 남북 전쟁	1863년 고종 즉위, 흥선 대원군 집권
1893년 비베카난다, 세계 종교회의 참석	1868년 일본, 메이지 유신	1866년 병인양요
		1871년 신미양요
	1877년 오스만−러시아 전쟁	1876년 강화도 조약
		1882년 임오군란
		1884년 갑신정변
1885년 인도 국민회의 창립	1894년 청일 전쟁	1894년 동학농민운동
		1895년 을미사변
		1896년 아관파천
		1897년 대한제국 수립
1905년 벵골 분할 반대 운동, 자치 운동	1904년 러일 전쟁	1905년 을사조약
1906년 무슬림 연맹 창설	1911년 중국, 신해혁명	1910년 한일 병합 조약
	1912년 발칸 전쟁(~1913)	1912년 토지 조사 사업(~1918)
1914년 제1차 세계대전 발발	1914년 제1차 세계대전(~1918)	
	1917년 러시아 혁명	
1919년 로울라트 법 통과, 암리차르 학살, 간디 1차 불복종 운동	1919년 중국 5·4 운동, 대한민국 임시정부 수립 / 인도, 간디의 비폭력·무저항 운동	1919년 3·1 운동, 대한민국 임시정부 수립
	1922년 소비에트 사회주의 공화국 연방(소련) 수립	1920년 봉오동 전투, 청산리 대첩
1927년 암베드카르 초다르 저수지 투쟁		1926년 6·10 만세 운동
1929년 완전 자치 운동, 간디 2차 불복종 운동	1929년 세계 대공황	1929년 광주 학생 항일 운동
1930년 네루, 완전 독립 운동 선언		

1935년 인도 통치법 개정		
1939년 제2차 세계대전 발발		
1940년 진나, 파키스탄 선언		
1942년 인도 철수 운동, 보스 인도 국민군 사령관 취임	**1939~45년** 제2차 세계대전	**1945년** 8·15 광복
1946년 영국 독립 사절단 파견		
1947년 인도와 파키스탄 임시 정부 수립, 인도-파키스탄 1차 전쟁 인도, 파키스탄 분리 독립	**1947년** 트루먼 독트린	**1948년** 대한민국 정부 수립
1948년 마하트마 간디 사망, 스리랑카 분리 독립		
1951년 인도연방공화국 건국, 네루 총리 취임, 경제 개발 5개년 계획 시작		**1950~53년** 한국 전쟁
1952년 1차 총선거, 국민회의 집권		
	1960년 키프로스 공화국 독립	**1960년** 4·19 혁명
1964년 네루 사망, 샤스트리 총리 취임		**1961년** 5·16 군사 쿠데타
1965년 인도 파키스탄과 2차 전쟁	**1965년** 베트남 전쟁(~1975)	
1966년 인디라 간디 총리 취임		
1967년 녹색혁명 시작		
1971년 인도 파키스탄 3차 전쟁, 동 파키스탄 방글라데시로 독립		**1972년** 유신 헌법
1977년 국민당 집권, 데사이 총리 취임		
1980년 국민회의 집권, 인디라 간디 총리 재취임	**1980년** 이란·이라크 전쟁(~1988)	**1979년** 12·12 사태 **1980년** 5·18 광주민주화운동
1984년 인디라 간디 사망, 라지브 간디 총리 취임		
1984년 라지브 간디 총리 취임, 자유화와 개방화 경제정책 실시		
1989년 민족전선 집권, 싱 총리 취임		**1987년** 6월 민주항쟁
1991년 라지브 간디 사망, 라오 총리 신경제정책 실시	**1990년** 독일 통일 **1991년** 소련 해체	**1988년** 서울 올림픽 대회
1992년 아요디야 사태	**1992년** 독립국가연합 성립 동유럽 공산권 붕괴	
1993년 뭄바이 폭탄 테러	**1994년** 북·미 자유 무역 협정 (NAFTA) 출범	
1996년 통일전선 집권, 통일전선 연립정부 재구성		**1997년** IMF 구제 금융
1998년 인도국민당 집권, 소냐 간디 국민회의 총재 취임		
1999년 국민회의 집권		
2002년 구자라트 학살		**2000년** 6·15 선언, 남북 정상 회담
	2001년 미국, 9·11 테러	**2002년** 한·일 월드컵
2004년 국민회의 집권, 만모한 싱 총리 취임	**2003년** 미국, 이라크 침공	**2007년** 10·4 선언, 남북 정상 회담
2014년 인도국민당 집권, 나렌드라 모디 총리 취임	**2011년** 일본, 후쿠시마 원전 참사	**2018년** 남북 정상 회담, 판문점 선언, 평양 선언

● 인도의 역사 변천사

인더스 문명	기원전 2500년경
마가다 왕국	기원전 600년경
16개 도시국가 성립	기원전 500년경

마우리아 왕조　기원전 321년경 ~ 기원전 185년
아소카 왕(재위: 기원전 273년경~기원전 232년), 인도 사상 최초의 통일국가를 이루었으며(기원전 261년), 불교의 자비와 불살생, 비폭력의 이상을 통치의 기본으로 삼았다.

대월지　기원전 140년경 ~ 기원후 45년

쿠샨 제국　45년 ~ 250년경
카니슈카 왕(재위: 2세기 중엽), 중앙아시아로부터 인도의 북부와 서부에 이르는 광대한 지역을 영토로 하였다.

안드라 왕국　100년경 ~ 220년경

굽타 왕조　320년경 ~ 606년
사무드라굽타(재위: 335~376), 찬드라굽타 1세의 뒤를 이어 굽타 왕조의 기초를 확립. 무력과 정복을 찬양했으며 생전에 한 번도 패한 적이 없었다.

바르다나 왕국　606년경 ~ 647년경

델리 술탄 왕조　1206년 ~ 1526년
(노예 왕조 1206년 ~ 1290년)

무굴 제국　1526년 ~ 1858년
아크바르(재위: 1556~1605), 영토 확장 전쟁으로 아소카왕에 비견되는 대제국을 건설하고, 무굴 체제로 일컬어지는 정치체제를 확립하였다.

아우랑제브(재위: 1658~1707), 샤 자한의 셋째 아들로 왕위 계승 문제로 형제간에 싸움을 벌여 승리하고, 이듬해 부왕을 유폐시키고 제위에 올랐다. 무굴 황제 중에 가장 넓은 땅을 차지했다.

영국령 인도　1858년~　──　1947년 – 파키스탄 독립
진나(임기: 1947~1948), 파키스탄의 독립을 실현하였고 영국 자치령 파키스탄의 초대 총독을 지냈다.

──　1947년 – 인도 독립
네루(임기: 1947~1964), 자주독립국 인도의 초대 총리. 17년간 총리를 지내면서 민주주의·사회주의·통일·비종교주의의 4대 정책 기조는 전 생애를 통하여 체계화되어 인도 정치의 기초를 이루었다.

──　1948년 – 스리랑카 독립

● 찾아보기

처음 읽는 인도사

1판 1쇄 발행일 2012년 8월 7일
개정판 1쇄 발행일 2018년 12월 17일
개정판 4쇄 발행일 2023년 9월 4일

지은이 전국역사교사모임

발행인 김학원
발행처 (주)휴머니스트출판그룹
출판등록 제313-2007-000007호(2007년 1월 5일)
주소 (03991) 서울시 마포구 동교로23길 76(연남동)
전화 02-335-4422 **팩스** 02-334-3427
저자·독자 서비스 humanist@humanistbooks.com
홈페이지 www.humanistbooks.com
유튜브 youtube.com/user/humanistma **포스트** post.naver.com/hmcv
페이스북 facebook.com/hmcv2001 **인스타그램** @humanist_insta

편집주간 황서현 **편집** 최윤영 이영란 **디자인** 유주현 민진기디자인
지도 임근선 **일러스트레이션** 구연산 **사진제공** 셔터스톡 연합뉴스
용지 화인페이퍼 **인쇄** 청아디앤피 **제본** 민성사

ⓒ 전국역사교사모임, 2018

ISBN 979-11-6080-183-5 03900